# お魚とお寿司のナイショ話

くら寿司 広報宣伝IR本部 本部長

岡本浩之

朝日新聞出版

大人も子どもも大好きな回転寿司。
そのお店には、おいしいお寿司を安く、
快適に食べられる工夫がいっぱい！

# 回転寿司のヒミツ 大・解・剖！

# お店の裏側ぜ〜んぶ見せます

誕生から60年あまり。進化を続ける回転寿司店には、触れずに操作できるタッチパネルや画像を解析する人工知能（ＡＩ）など最新技術がふんだんに使われている

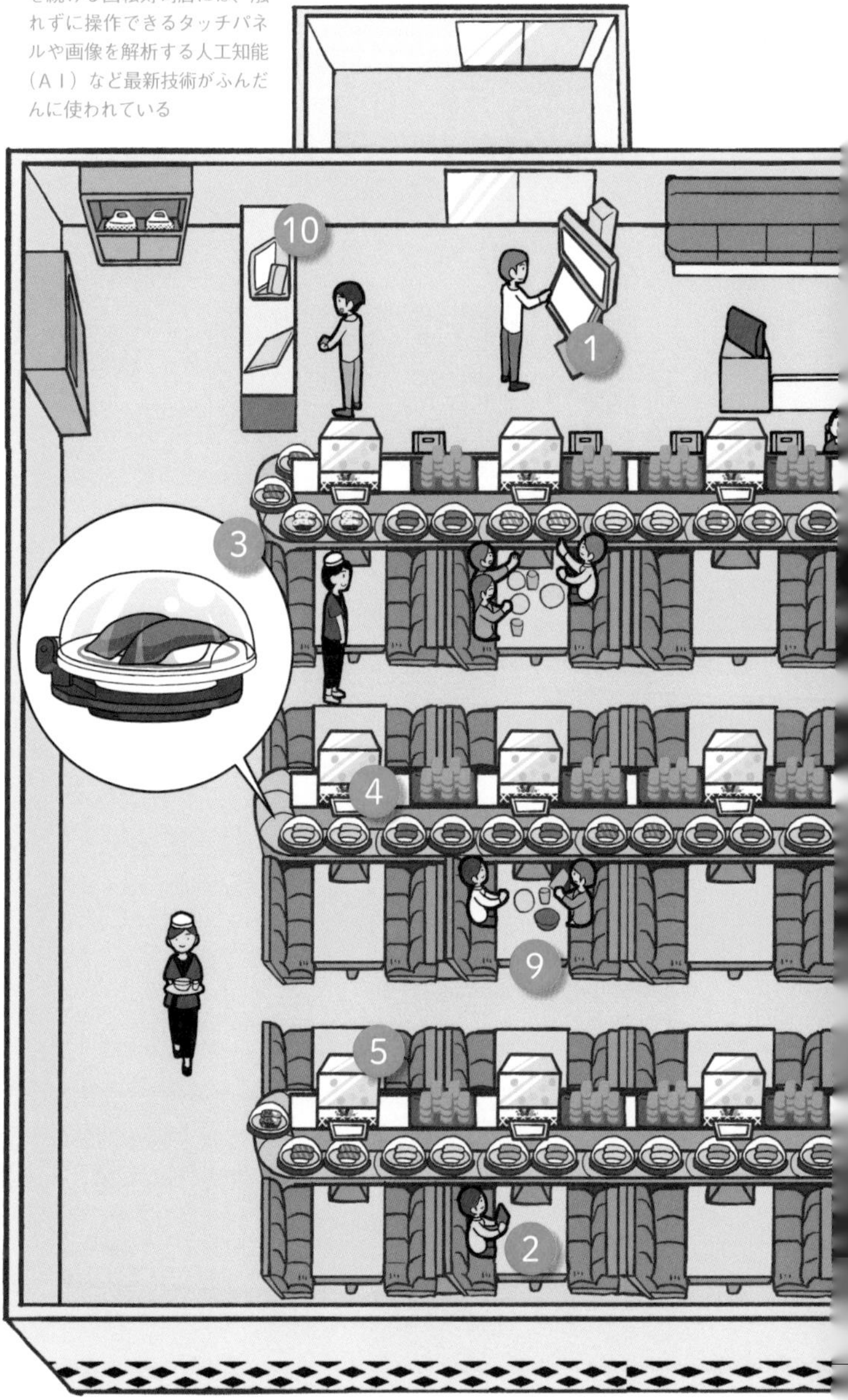

# 知って楽しい♪
# 回転寿司店の最新技術

**回転寿司のお店に隠された数々の秘密。**
**開店前の「くら寿司」の店舗に潜入して**
**知られざる裏側を徹底リポート！**

順番が来たら番号に加え頭上の画面に席の方向を示す矢印が表示される。まごつく心配はありません

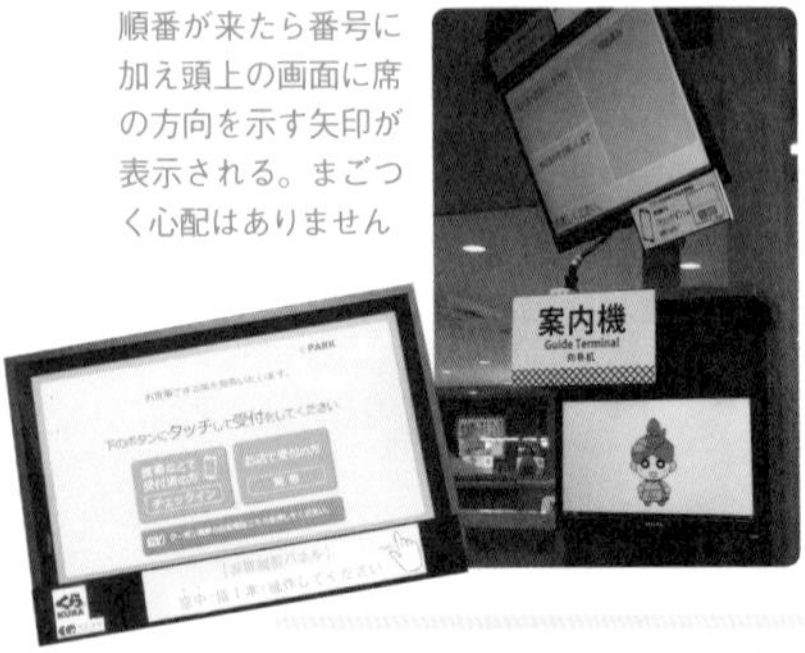


## ① 自動受付・案内

最新のお店では、画面にタッチしなくても指を近づけるだけで操作できる。スマホアプリで予約してから来店すれば、待ち時間のストレスからも解放♪

## ② スマホで注文

席にあるＱＲコードを読み込めば、自分のスマホがタッチパネルに早変わり。お皿が投入口に入らないデザートなどでもビッくらポン！ができる特典も。

手もとでピピッと♪

## ③ 鮮度くん

お寿司をすっぽり覆う樹脂製の抗菌寿司カバー「鮮度くん」は、空気中のウイルスやほこりからお寿司を守る。手前をちょっと持ち上げるだけでパカッと開く。

## ④ AI搭載カメラ

お寿司が流れるレーンの上部にひっそり設置された小型カメラ。どのテーブルが何枚のお皿を取ったのか、ＡＩが画像を分析して検知している。

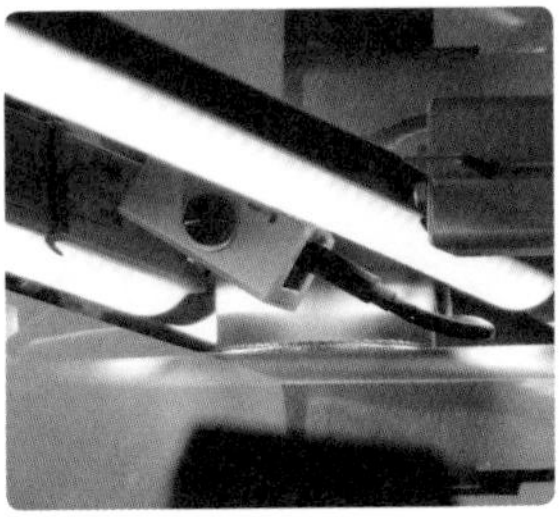

## ⑤ ビッくらポン！

投入口にお皿を５枚入れるごとに始まるおなじみのゲーム。人気キャラクターとのコラボもうれしい。かつては景品として現金を入れていたことも。

急流に乗って
洗い場へ！

## ⑥ 空き皿を運ぶ「水の道」

実は、レーンの下には水路がある。投入口に入れたお皿はこの水路を流れて洗い場へと運ばれ、専用の食器洗い機でぴかぴかに洗い上げられる。

⑦

## シャリマシーン

上部から投入した酢飯を大小の歯車が程良く「握り」、シャリの状態にしてくれる回転寿司店の心臓部とも言える装置。熟練の職人が握ったような、ふんわりと口の中でほどける仕上がりが自慢だ。あとはカットしたネタを乗せれば握り寿司が完成する。1時間に4千個のシャリを作り出す能力がある。

歯車の中を酢飯が通り抜けることで、程良く空気を含むふんわりしたシャリに

この形ってどこかで……？　レコードプレーヤーの会社も参入しているそうです

ネタを乗せれば
はい、握り寿司完成♪

⑧

## 製造管理システム

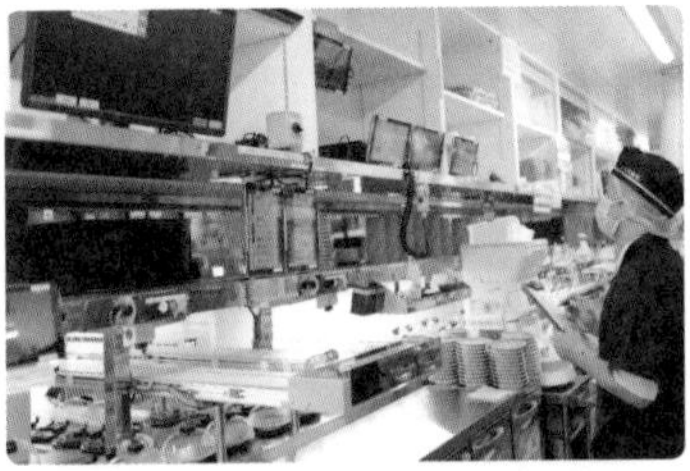

マグロを10皿作ってー

コンピューターが、入店時に入力された大人と子どもの人数や入店からの経過時間を元にお店全体の「おなかの減り具合」を算出。レーンから取られたお寿司の情報も加味して、「何を何皿作ればよいか」を厨房に指示する。食べたいお寿司が流れていないという不満を防ぎ、作りすぎによる廃棄を減らす効果も。

⑨⑩

## お皿自動集計&セルフレジ

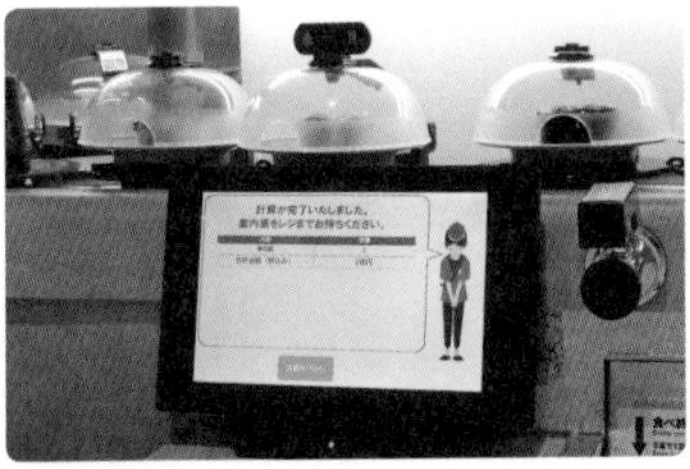

④のＡＩカメラで検出した、レーンから取ったお皿の数と、タッチパネルで注文した商品を自動で合算。投入口に入れたお皿の数とも照合し、ずれがなければお皿のカウントは完了。他の回転寿司店のように店員がお皿を数えに来ることはない。会計にセルフレジを使えば、店員と一言も話さずに食事を済ませることも可能。セルフレジ画面もタッチレスだ。

# 春

## 旬のお魚カレンダー

小さな魚が一斉に生まれる季節。
多くの魚が沿岸に集まり、
産卵に向けて栄養をたくわえます。

### ホッキ貝

特にオホーツク海で獲られるものは身が大きく名物で、茹でると綺麗なピンク色になり料理に花を添えてくれます。

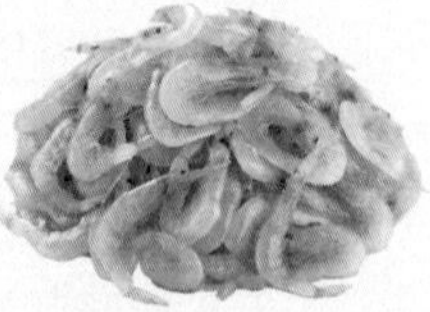

### 桜エビ

国産では駿河湾中心に漁獲がありますが、近年は不漁で幻のエビとなっています。桜色をしており、4月頃から漁が始まり、7月、8月に最漁期を迎えます。

### 本マグロ

夏に向けての回遊に備え、冬から春にかけしっかり餌を食べるため、この時期は脂乗りが良く、最高の逸品です。

### 真鯛《まだい》

くら寿司では、神経〆という活け締めで鮮度を保っています。桜鯛と呼ばれる春は、産卵に備え栄養を蓄える為、脂が乗り、色も桜色になり珍重されます。また、瀬付きの真鯛は年中味が良く、場所により特色がある魚です。

### ホタルイカ

山陰から北陸にかけての春の風物詩です。産卵のために接岸し、水揚げの際は触手にある発光器を光らせる為、非常に幻想的です。刺身、沖漬け、ボイル。どれもみその味を堪能できます。

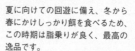

## イシダイ

魚界トップクラスの美食家です。磯の周りに生息し、サザエやウニ、カニなどを主食としており、年中美味しい魚です。春から初夏にかけては産卵に備え特に味が良くなります。

## クロダイ

釣りをする方には非常に身近な魚ですが、なかなか一般の方は目にしない魚です。身は鯛に非常に近いですが、魚の味が濃く、魚好きにはたまらない逸品です。

## 甲イカ

イカの中でも甲（背の部分の骨の様な部分）が大きく、この名で呼ばれています。胴長はそれほど大きくならず大きくても20㎝前後と小型ですが、身の厚みがあり、もっちりした食感と甘みが非常に強いイカです。

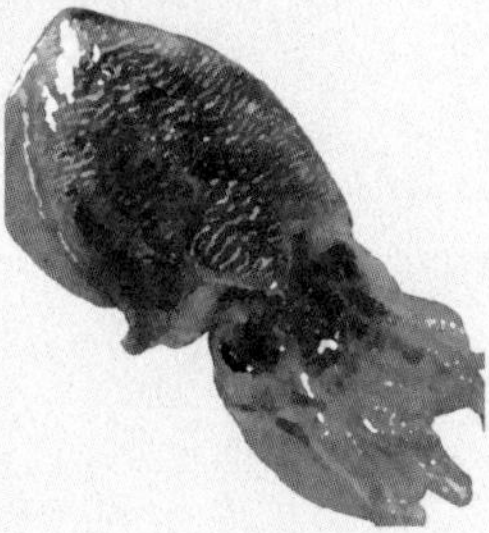

## メバル

春告げ魚と呼ばれ、特に西日本では瀬戸内海中心に漁獲されます。ふっくらとした身と上品な脂乗りは至高の逸品です。

## アオリイカ

春に産卵のために大型が接岸します。イカのなかでもグリシンなどの旨み成分が多く身に含まれ、高級なイカとして取り扱われます。また、秋の時期の小型のアオリイカも歯ごたえがあり年中楽しめるイカです。

# 夏

旬の魚種が少なく、寿司屋泣かせの季節。
この時期においしいのは、回遊する魚や
深海にすんで水温の影響を受けにくい魚たちです。

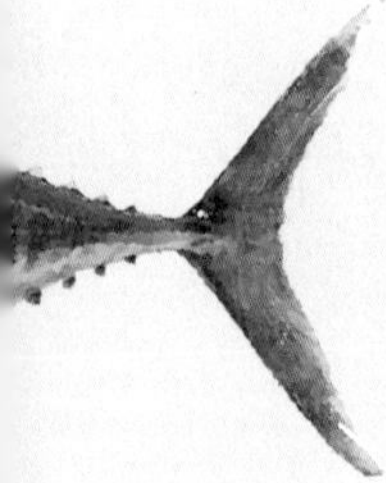

## コチ

夏のフグと言われるほど、身質、味ともに最高の魚です。見た目はヒラメのように平らで砂に隠れて過ごしますが、小型の魚を主食とし、透き通る身は旨みが強く非常に美味しい魚です。

## 真アジ

非常に身近な魚ですが、海域によって魚の味が異なります。外海のアジは夏時期に脂が乗りますが、瀬付きといわれる回遊しないアジは年中脂が乗り最高の味です。

## 金目鯛

高知県と千葉県、三宅島などの伊豆諸島で釣れる魚です。水深 100m を超える深海に生息しており、年中脂乗りが良く、美味しい魚です。

## キハダマグロ

ヒレが黄色いことからこの名で呼ばれます。身の色の赤さが少し薄く、酸味が少なく、甘みが強いキハダマグロは特に関西で好まれます。

## コショウダイ

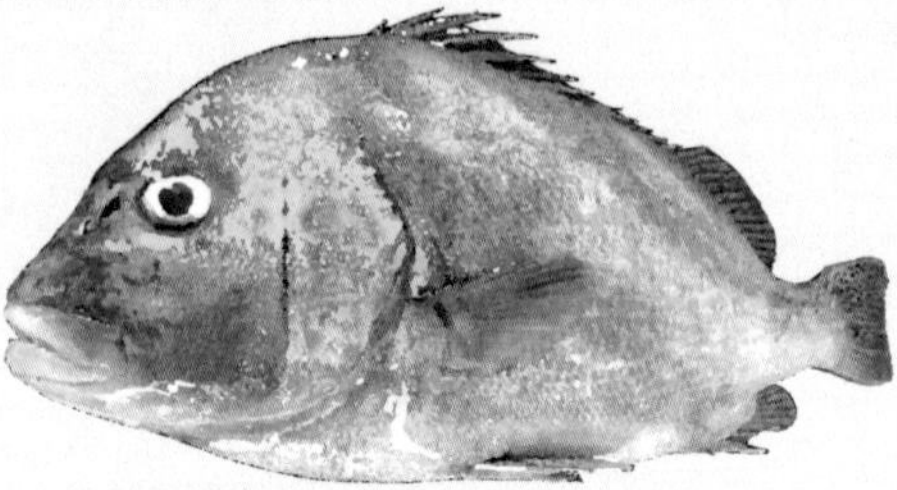

鯛とつきますが、イサキに近い魚です。身の食感が強く、旨みが詰まったこの魚は非常におすすめです。漁獲量が多くなく、あまり流通しませんが、見つけられた際には是非ご賞味下さい。

## マイワシ

海域によって旬が非常に異なる魚です。千葉県中心には入梅イワシと呼ばれる梅雨時期に漁獲されるものが脂乗りが良く、北海道などでは秋以降、大阪湾では８月頃に脂の乗ったイワシが漁獲されます。

## メバチマグロ

目が大きいことからこの名前で呼ばれます。キハダマグロより水深の深い場所を遊泳しています。旨みが強く、特に大型はもっちりした食感で楽しませてくれます。

## シイラ

魚へんに暑と書いて鱰（シイラ）というほど、夏に旬を迎える魚です。日本ではなかなか聞きなれない魚ですが、ハワイではマヒマヒという名前で呼ばれ、非常に高級な魚です。鮮度落ちが早く、特別な輸送方法と手当てを受けたものだけが食べられる幻の魚です。

## ヒラマサ

見た目はブリそっくりですが、回遊性のブリに対し、磯付近にいるヒラマサは身がしっかりしていて歯ごたえが強く、程よく乗った脂がたまらない魚です。

## カツオ

初ガツオに戻りガツオと年中その時期のおいしさを楽しませてくれる魚です。タタキに刺身とそれぞれにそれぞれの旨みを感じられます。

# 秋

おいしい魚が盛りだくさんの季節。水温が変わるだけでなく、台風で海水がかき混ぜられて、毎週獲れる魚が変化します。

## カンパチ

顔に八の字の模様が入るため、この名で呼ばれます。ヒラマサよりもさらに筋肉質で歯ごたえと、しっかりした脂の旨さが味わえる魚です。

## ハマチ

関東ではイナダと呼ばれるブリの幼魚です。筋肉質なその身質は寿司ネタでも非常に人気の魚です。秋には脂が乗ってきてさらに深みのある味わいとなります。

## イクラ（秋鮭）

秋から産卵のために接岸するサケ。日本では北海道から三陸で水揚げされます。プチプチとした食感と、旨みは魚卵の中で最高峰です。

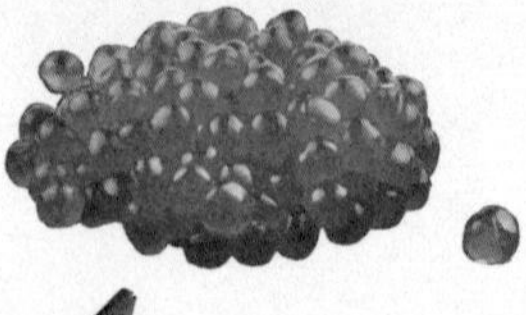

## サンマ

秋といえばやはりこの魚。近年は漁獲量が少なく、高級魚となっています。口の先が黄色くなった物が脂の乗った証拠。皮目に脂が乗ったサンマは塩焼きにも刺身にも最高です。

## 真サバ

水温の低い地域で漁獲されるものが比較的脂乗りが良いとされています。晩秋に三陸以北で獲られる真サバはその中でも最高の脂乗りです。

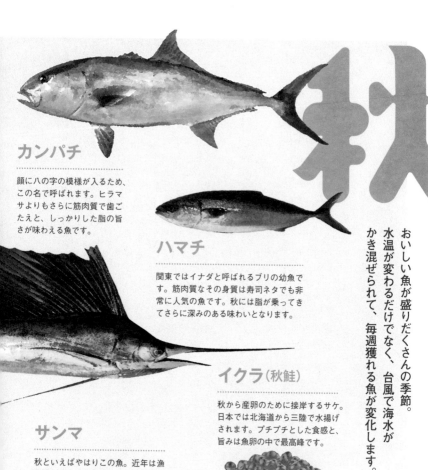

## ハモ

関西の方はハモというと祇園祭を思い浮かべられるのではないでしょうか。夏から秋にかけて水揚げされるハモは秋に「名残ハモ」と呼ばれ、脂が乗り、実は年間で一番美味しい時期となります。

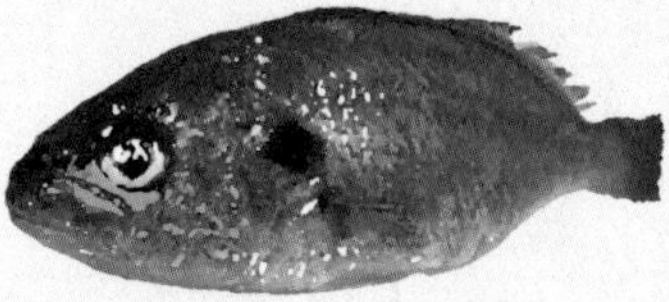

## シログチ

漁獲されると「グーグー」と浮袋を使って鳴くため、この名で呼ばれています。旨みが強い淡白な魚で、刺身はもちろん、丸のまま焼いて食べるのが漁師さんおススメの食べ方です。

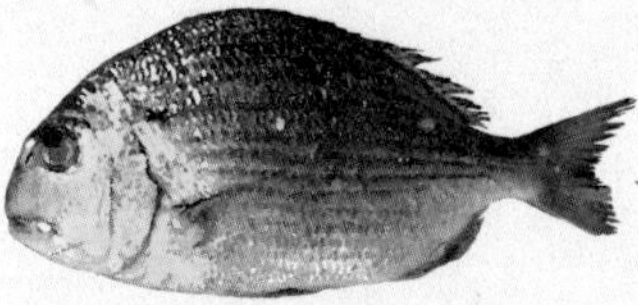

## ヘダイ

聞きなれない名前かと思いますが、主に太平洋側の定置網で漁獲される魚で、特に秋時期に脂が乗り、非常に旨みが強い魚です。名前が非常にかわいそうですが、味は白身界きっての優秀さです。

## バショウカジキ

魚類最速の魚です。その時速は120kmともいわれ、ブレーキの役目として使われる大きな背びれが特徴です。鹿児島県では秋時期の脂が乗ったバショウカジキを「秋太郎」と呼び、その旨みはマグロを凌ぐおいしさです。

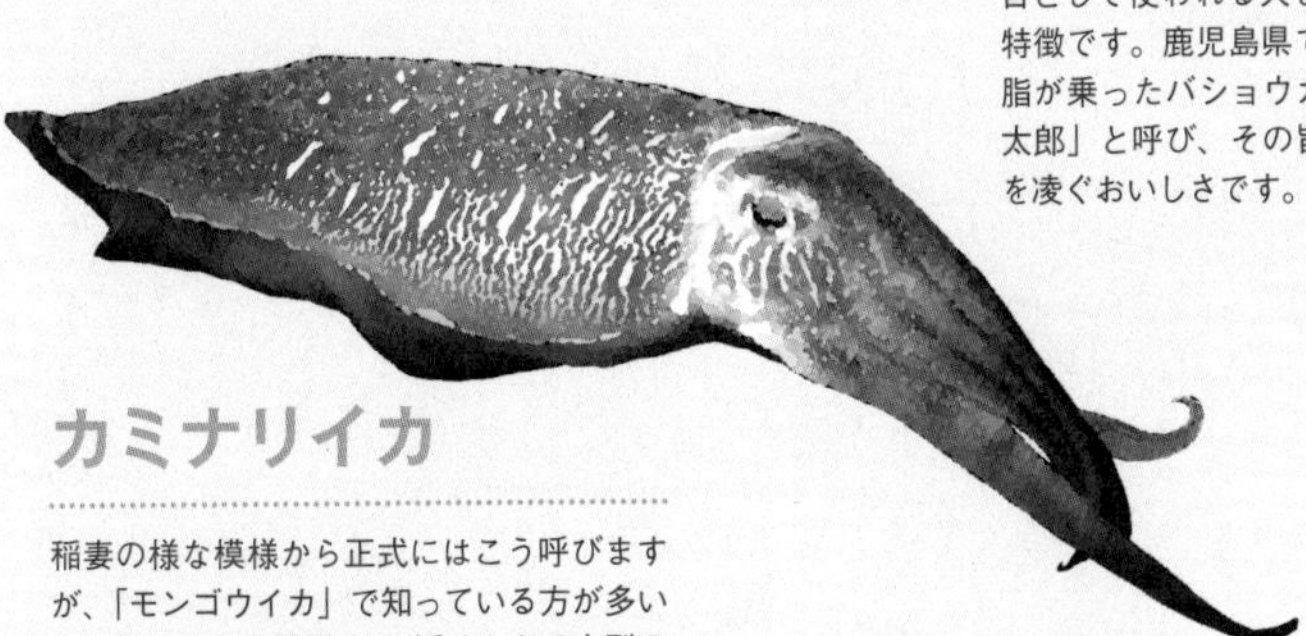

## カミナリイカ

稲妻の様な模様から正式にはこう呼びますが、「モンゴウイカ」で知っている方が多いかと思います。胴長30cm近くになる大型のイカで、身の厚さがありねっとりした食感と甘みが強いのが特徴のイカです。

# 冬

身に脂を蓄えるだけでなく肝や白子が旬を迎えるため、一番魚がおいしくなる季節。

## ビンチョウマグロ

回転寿司でお馴染みの「ビントロ」はこの時期の全身に脂の乗った、ビンチョウマグロを言います。胸鰭が長くその見た目から「トンボ」などと呼ばれます。

## スズキ

さっぱりした白身で、関西では夏に洗いで食べるイメージが強いですが、晩秋から初冬にかけて産卵に備えてしっかり餌を食べたスズキは旨みが強く、最高の味です。

## クエ

幻の高級魚とよばれるクエ。特に冬に水揚げされる10kgを超えるものは、幻の中の幻。深い魚の旨みがあり、煮ても、焼いても、刺身でもそれぞれの美味しさを楽しめる魚です。

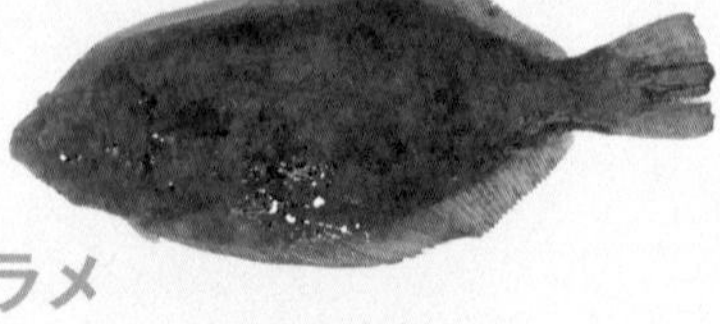

## ヒラメ

「寒ヒラメ」と呼ばれる程、水温が下がった時期のヒラメは美味しくなります。砂に隠れて目を出し、上を泳ぐ小魚を一瞬で捕らえる為に付けられたその筋肉質の身の食感は他の白身を凌駕するおいしさです。

## マフグ

フグの王様のトラフグに対し、その繊細な味からフグの女王と呼ばれます。しっかりとした食感で、噛めば噛む程に出てくるその旨みはこのマフグならではの醍醐味です。

## カワハギ

冬のカワハギの楽しみはやはり肝です。薄くスライスした淡白な身を、濃厚な肝を溶いた醤油につけて食べると絶品です。また、鍋にするとホロホロの身質がたまらない冬の至高の逸品です。

## ボラ

昔は出世魚としてお祝いの席に登場する高級魚でした。それだけあり、特に沖合で獲られる「沖ボラ」は旨みが強く、歯ごたえもあり非常に美味しい魚です。冬の時期には目に膜が張り、脂が乗ったことを知らせてくれます。

## ブリ

寒ブリと言われるこの時期のブリはしっかりとした脂がたまらない冬の絶品です。特に、8kg を超えるブリはその脂乗りと、魚本来の旨みが堪能できます。ブリしゃぶに、刺身に、ブリ大根にと何にでも合う魚です。

## メジナ

釣りをされるかたには「寒グレ」としてお馴染みです。高知県などでは皮を残したまま捌き、皮目を炙る「焼き切り」という調理法で食べます。身と皮の間の旨みが凝縮され非常に美味しい逸品です。

## アンコウ

冬の魚の鍋といえばこのアンコウを想像される方も多いのではないでしょうか。アンコウは七つ道具と呼ばれる身、肝、胃袋、卵巣、エラ、ヒレ、皮など捨てるところが無いといわれる程、全部位がおいしい魚です。特にあん肝のその濃厚さはたまらない逸品です。

# 通年の

年に数回産卵をする魚や年中脂を蓄えている魚。
地域によって旬が大きく変わる魚も。
ある意味、調理する人の腕の見せどころ。

## サワラ

魚へんに春と書くため、春の魚のイメージが強いですが、冬の時期の寒サワラも脂が乗り美味しく、年中楽しめる魚です。焼き魚のイメージも強いですが、刺身やタタキで食べても絶品です。

## 鰻

夏バテ対策の為に食べる風習から夏のイメージが強いですが、特に天然物の降下回遊しない冬の鰻は脂が乗り絶品です。

## 太刀魚

秋のイメージが強い太刀魚ですが、大型の特に鮮度の良いものは、身離れが良く、焼き魚に刺身に、どんな調理にも最高の魚です。

## キジハタ

高級魚のキジハタ。関西ではアコウという名前で有名です。

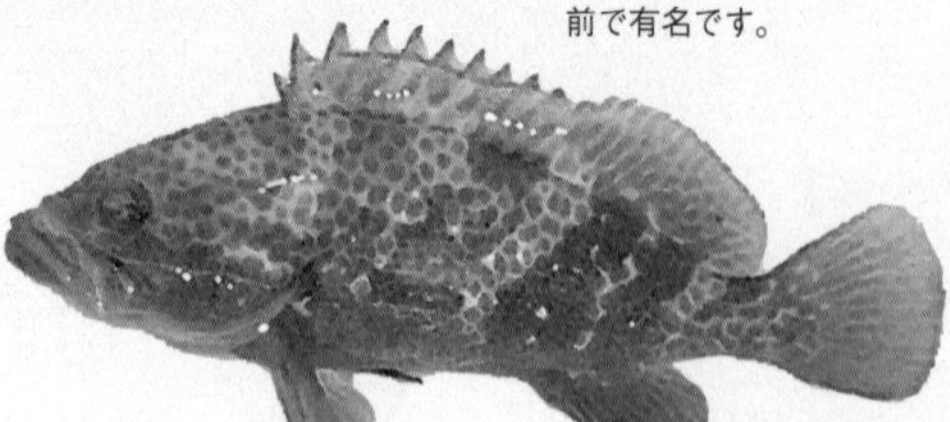

## ニザダイ

タイと名前につきますが、まったく違う種類の魚です。海藻を食べる魚で近年、磯焼けの原因となり駆除の対象にもなっています。身に特有の臭いがあり、あまり流通しませんが、くら寿司ではこのニザダイにキャベツを与えることで、臭いを取り除いたキャベツニザダイの開発に成功しました。

## オキアジ

高知県などではダイコクと呼ばれるアジの仲間です。年中脂が乗っており、産地では非常に好まれる魚ですが、漁獲がまとまらない為に、幻の魚です。

## カサゴ

関西ではガシラの愛称で人気。味噌汁や煮つけなどでホロッと取れる身離れが特徴です。

## トビウオ

名前の通り、大きな胸鰭で飛ぶ魚です。味が濃く、刺身でも美味しく、一船買い契約の鷹巣漁港からの直送を楽しみにされているお客様も多数。近年はアゴ出汁（トビウオの出汁）もブームとなっています。

## 真ダコ

くら寿司では、スーパーや外食業界では不可能と言われた、ミョウバンや亜硫酸塩といった添加物を使用しない加工を実現。タコ本来の味わいが楽しめます。

## ズワイガニ

くら寿司では、カニ特有の黒変を防止するための亜硫酸塩を使用せず、特別な加工工程を行っています。生ズワイガニは冬のフェアで登場します。

# はじめに

皆さん、お寿司は好きですか？

言うまでもなく、お寿司は日本を代表する料理です。日本を訪れる外国人観光客が日本で食べたい料理としても1位に選ばれることが多く、最近では海外でもヘルシーな料理として大人気です。

でもひと昔前までは、お寿司屋さんといえば「値段も高そうで、なかなか入りづらい」というイメージがありましたよね。それが最近では、一皿100円で食べられる回転寿司があちこちにあって、気軽に楽しめるようになりました。今や回転寿司は、日本文化を代表するレストランとして、海外でも大人気なんです。

回転寿司の歴史は1958年に始まりました。現在の大阪府東大阪市でお寿司屋さんを経営していた方が、ビール工場のベルトコンベヤーを見てひらめいたそうです。その後、70年の大阪万博をきっかけに全国へ広がり、今では全国に約1万店以上の回転寿司のお店があります。

ところで皆さんはお寿司を食べる時に「なぜ2貫ずつ出てくるのか

な?」とか、「タイやハマチ、マグロは日本語なのに、サケだけ『サーモン』って言うのはなぜ?」といった疑問を感じることはありませんか?

筆者は時々そうしたことを思いながらお寿司を食べていたんですが、2年ほど前に、縁あって回転寿司の会社に入社することになり、日々の仕事の中でそうした疑問を解決することができました。そしてそうした話題を、2019年4月からニュースサイトAERAdot.の「お魚ビッックらポン」という連載で紹介してきました。

この本では、こうした回転寿司やお寿司に関するちょっとした豆知識のほかに、「魚界ナンバー1のスプリンターは?」「魚なのに泳ぐのが苦手な魚って?」「ブリにみかんやチョコを食べさせるとどんな味になる?」といった、魚に関するちょっと面白い話を紹介しています。

明日、学校や家庭で、または誰かとお寿司を食べながら披露すれば、周りから「へぇ〜そうなんだ!」と一目置かれること間違いなしです。

コミュニケーションが希薄になっていると言われる昨今ですが、この本で紹介するネタを、周囲の人との会話に役立てていただければ幸いです。

# 目次

## 知って楽しい！お魚とお寿司のあれこれ29

## お寿司のヒミツ

## ランキング



## お魚のマメ知識

## お店のスゴ技

秘　お寿司のヒミツ

順　ランキング

知　お魚のマメ知識

技　お店のスゴ技

# 知って楽しい！
# お魚とお寿司の
# あれこれ
# 29

# 「熟成魚」をおいしく感じる理由は恐竜時代に！遺伝子レベルにすり込まれた深いワケ

覚えている方も多いと思いますが、2014年ごろ、熟成肉ブームがありましたよね。新鮮な肉でもしばらく置いて熟成させて食べると、イノシン酸という旨み成分が出て、とても美味しくなるということでした。

新鮮なマグロとは違うしっとり濃厚な旨みが特徴の熟成マグロ

当時、半信半疑でトライしてみたところ、新鮮な肉とはまた違う美味しさに感動し、しばらくは熟成肉を出すお店を選んで食べ歩いた記憶があります。

それから約数年。皆さんは熟成魚（エイジングフィッシュ）という言葉を聞いたことはあるでしょうか？

肉は基本的には調理するのでまだわかりますが、新鮮さがウリの鮮魚をわざわざ熟成させる？　意味がわからない。腐ってしまうんじゃ……と思われる方もいるかもしれませんね。でも実は、高級なお寿司屋さんの職人さんの中には、「魚は熟成させてこそ、本来の旨みがでてくるもの！」とまで言う人も多いんです。

熟成魚の作り方は、基本的には肉と同じです。新鮮な魚をきちんと処理して、適切な環境下で保存し、状態を見ながら美味しいタイミングで食べる。とはいえ難易度がかなり高く、一般の人が簡単に作れるものではありません。

まず魚の鮮度です。魚は、生きているときのストレスによって旨みの素であるアデノシン三リン酸（ＡＴＰ）が減少するので、捕獲後すぐに魚に応じた正しい方法で締めていることが必要です。

次に処理。締めたらすぐにエラや内臓をきれいに取り除くことが大切です。これらが残っていると、ニオイや腐敗の原因となり、時間が経つととても食べられるものではなくなってしまいます。

その後は、適切な温度の下で状態を見ながら（これがまた素人には難しいのですが……）、腐敗する少し前の、イノシン酸が最も多く出ているタイミングを見計らって食べると、しっとりとした舌触りと、何とも言えない旨みで、病みつきになるおいしさなんです。

東京大学の眞鍋昇名誉教授（日本食品科学研究所、大阪国際大学教授・学長補佐）によると、我々人類は遺伝子レベルで、熟成した食品をおいしいと感じるようになっているそうです。というのも、恐竜が闊歩していた太古、我々の祖先にあたる哺乳類は小さく弱い存在でした。


肉食恐竜たちの餌にされないよう、哺乳類は昼間は物陰に隠れ、夜になると肉食恐竜たちが食べ残した肉の残りなどをあさって食べていたようです。

食べ残しの肉ですから、当然新鮮ではなく、多少傷んでいたものもあったことでしょう。でも、そうした肉も食べなければ生きていけないということで、次第に多少問題のある肉でも消化できるように進化していったと考えられます。

もちろん、現代の熟成肉や熟成魚は高いスキルと経験を持つ人によって、厳格に管理された環境下で生み出されます。適切な熟成の期間は魚種によっても違いますが、数日から、中には2週間以上熟

魚のプロが見極めた熟成魚の旨みを
楽しめる熟成中トロ

成させるという職人さんもいます。

　そうしたお店は、市場から厳選した魚を仕入れてきて、長年の修業で習得した、気が遠くなるような手間ひまをかけて熟成を行っています。だからそんなに多くの量を作ることはできず、値段も１貫で数千円にもなってしまうんです。

　一方くら寿司では、全国３カ所に設けられたセントラルキッチンで、室温や湿度をはじめ、衛生状態を厳しく管理した環境で、専門のスタッフが熟成作業を行っています。当社が仕入れているマグロにとって、旨み成分のバランスが最も良くなる48時間熟成させたマグロを、２貫１００円で提供しています。この熟成まぐろは、年間７千万皿を販売する人気ナンバー１の商品です。

　もちろん味覚には個人差があるので、「魚はコリコリとした歯ごたえがないとあかんわ！」と言う方も多いと思いますが、たまには熟成魚の濃厚な旨みを味わってみてはいかがでしょうか？

# 江戸時代は最高級だった意外なネタは？2貫で出るワケは？お寿司のルーツ

皆さんは、お寿司の生い立ちをご存じでしょうか？

元々お寿司と呼ばれるものは、東南アジアから中国を伝わって、縄文時代の終盤に稲作とともに日本に伝えられたと言われています。

その頃のお寿司は、熟《な》れ鮨《ずし》と呼ばれ、魚にお米と塩をつけて発酵させた、現在

お寿司を食べる人々が描かれた浮世絵

琵琶湖周辺で今も作られている鮒鮨

琵琶湖周辺で作られている鮒《ふな》鮨のようなものでした。

それが室町時代になると、本来は数カ月かけて発酵させるものを、まだ十分に発酵しきらないうちに食べたり、発酵によって生成される酸味を、お酢によって代替したりして、短期間で食べられるお寿司が生まれました。

そして江戸時代の後期に、気の短い江戸っ子のニーズに応える形で、酢飯に魚を乗せてすぐに食べる「早寿司」が考案されました。これが現在のにぎり寿司のルーツです。

当時のにぎり寿司は、大きさが現在の3倍から4倍の大きさで、お寿司というより、ちょっと小さめのおにぎりという感じだったようです。そして提供されるのは屋外の屋台が中心で、庶民がおやつ代わりにちょっとつまんで食べる、とても身近なものでした。

まだ冷蔵庫はもちろん、製氷技術も確立されていない時代ですので、ネタも鮮魚ではなく、酢で締めたコハダや、アナゴやアサリなどの煮付け、マグロの醤油漬けなどでした。

価格は、現在の価値にして150円から300円程度と庶民的なものでした。ただ現在と違うのが、アナゴやコハダ、マグロ（赤身）などが一律150円程度だったのに対して、当時300円程度と一番高価だったのが玉子焼きだったということです。当時はまだ卵が貴重品だったということでしょうね。

一方で、現在は高級なネタの代表であるトロは、脂っぽいということでまったく人気がなく、家畜の餌や肥料にされていたとのことです。なんとももったいない話ですね。

にぎり寿司を頼んだ時、通常2貫セットで出てきますよね。それってなぜだか知っていますか？ その理由も、江戸時代にあるんです。

先ほど書いたように、当時のにぎり寿司は現在の3〜4倍程度と大きく、そのままではとても食べにくかったんです。そこで食べやすいよう、大きなにぎり寿司を二つに切って提供したのが始まりと言われています。その慣習が、2貫セットという形で現在も踏襲されているんです。

江戸時代ににぎり寿司が屋台で提供される庶民の食べ物だったということは、浮世絵を見てもよくわかります。歌川広重などの有名な浮世絵師の作品の中にも、庶民が屋台でにぎり寿司を楽しんでいるシーンが多く描かれています。

　このように庶民の食べ物として生まれたにぎり寿司ですが、戦後、衛生面を理由に屋台が規制された頃から徐々に高級化が進み、専門の寿司職人が握る高価な食べ物になっていきました。

くら寿司浅草ROX店

　日本においてはその後、回転寿司の登場によって、江戸時代並みに気軽に食べられるものになりましたが、日本以外の多くの国においてはまだまだ高級な食べ物です。

　そこでくら寿司では、本来庶民の食べ物であるお寿司を、海外の人たちにも気軽に食べていただきたいとの思いで、海外への展開を拡大しています。

　その一環として２０２０年１月22日、日本を訪れる海外の皆さんにお寿司の美味しさ、本来のお寿司の世界観、そして回転寿司の楽しさを体感していただくためのグローバル旗艦店を、東京・浅草にオープンしました。

　日本の皆さんも機会がありましたらぜひ一度ご来店いただき、お寿司本来の世界観を体感していただければと思います。

# チョコミントとかんぴょう巻の意外な共通点
# 西へ行くほど甘〜くなるものとは

いきなりですが、クイズです。

「チョコミント」と「かんぴょう巻」。一見まったく関係のなさそうなこの二つの食べ物ですが、実は意外な共通点があ

関西での人気はいま一つなチョコミント

るんです。何だかわかりますか?

実は、どちらも関東地方では人気があるのに、関西ではいま一つ人気のない食べ物なんです。関東の方にとっては、「えっ、そうなの? どうして?」と不思議かもしれません。

くら寿司のいなりずしは俵型

筆者は前職で食品メーカーに勤めていたのですが、チョコミントのアイスクリームは、関東では人気上位に必ず入る人気のフレーバーでした。ところが、関西では「歯磨き粉みたいな味や……」ということで、まったく人気がありませんでした。数年前から「チョコミン党」という造語もできて、全国的に人気が出てきましたが、それでも関東と関西では売れ行きに大きな差があるようです。

もう一つのかんぴょう巻についてですが、関東(東日本)のくら寿司ではメニューから外すと結構な数のクレームをいただく隠れた人気商品なんですが、関西ではまったく売れないので、販売していません。関東ではお寿司の最後はかんぴょう巻で締めるという方も多いようですが、関西の人はなじみが薄いのかもしれません。

このように、関西と関東で大きく好みが分かれる食べ物って他にも色々あります。例えば、関西ではお寿司を食べる時に一緒に注文される方が多い「赤だし」ですが、実は関東では人気がなく、当社の関東のお店では販売していません。平日限定で販売している「海鮮丼」などのランチセットについてくるのも、関西では赤だしですが、関東では味噌汁になっています。関西生活が長い筆者としては、お寿司には「赤だし」なんですが。

お寿司のネタでも、関西はハマチや鯛といった白身のネタが好まれるのに対して、関東ではやはりマグロが圧倒的な人気です。関西の人たちが、新鮮な白身の歯ごたえを好むのに対して、関東の方々は、マグロや熟成魚のしっとりとした旨みを好む傾向が強いようです。

醤油についても、関東と関西で違いがあります。筆者も30年ほど前、初めて東京に住んだ時、駅の立ち食い蕎麦屋さんで出された、蕎麦が見えないほど真っ黒な汁にかなり驚いたことがあります。日清食品さんのカップ麺「どん兵衛」が、関東と関西でスープの味を変えているのも有名な話ですよね。

そしてくら寿司も、関東と関西では、お寿司につける醤油の味を変えています。関東がすっきり、関西はやや甘めにしています。そして実は醤油については、さらに九州でも味を変えているんです。九州のお店の醤油は、地元の皆さんの嗜好に合わせて、関西のものよりさらに甘めになっています。

余談ですが、当社はアメリカと台湾にもお店を展開しています。それらのお店の醤油はどうなっているでしょうか？

アメリカのお店では、現地で作られている、関東の味に近い醤油を使っています。一方、台湾の方々は

かんぴょう巻の販売は東日本のみ

甘めの味が好きなので、九州の醤油を使っているんです。

一方で、以前は関東と関西で違っていたのが統一されたものや、一般の家庭では違いがあるものの、当社のお店では統一しているものもあります。

例えば、玉子焼き。一般的に関東のかたは甘いものを、関西のかたは甘くないものを好むと言われていますが、くら寿司ではいろいろと試行錯誤した結果、関東と関西の間の味に統一しています。

またいなり寿司は関東では俵型の油あげ、関西では三角形の油あげが一般的です。くら寿司は、以前は三角形のものを使っていましたが、今は全国で俵型です。

# 最高は3億円超 寿司屋が教える「大間のマグロがこんなに高いワケ」

近年、築地市場や、築地から移転した豊洲市場の新年の初競りで、大間のマグロが1億円を超える価格で競り落とされて話題になっています。２０１９年にはついに3億円を超えました。

20年の初競りで1億９３２０万円の値

豊洲市場のマグロの競り

を付けた重さ276キロのマグロを握り寿司にすると、1貫あたり約2万円になる計算だとか……。競り落とした寿司チェーンさんのお店では、それを1貫約200円から400円で食べられるということで、あっという間に売り切れたそうです。

本来の価格の100分の1から50分の1の価格で売っているわけですから、単純に考えると大きな赤字です。しかし多くの人に「初競りでマグロを競り落とすあのお店ね！」と覚えてもらえる宣伝広告の効果が大きいこともあり、そちらの会社では毎年のように競り落としているようです。今では、ある年に別の会社に競り負けると、「〇連覇を逃す」といったニュースになるほどです。

ところで、なぜ「マグロは大間」なのでしょうか。実は、日本国内のマグロの水揚げをみると、上位3県は、静岡、宮城、宮崎となっていて、大間漁港がある青森県は入っていません。

本マグロ（クロマグロ）だけに限ってみても、青森は長崎、鳥取に次ぐ3位となっています。マグロは太平洋を広く回遊しているため、日本各地の漁港で水揚げされるんです。それなのになぜ、大間のマグロばかりがこんなに高値を付けるのか、気になりますよね。

青森県下北郡大間町は、恐山でも有名

な下北半島の北の端、つまり本州の最北端に位置する小さな漁村です。

この大間沖は、東は親潮と黒潮がぶつかり、西からは対馬海流が入ってくるなど非常に複雑な潮の流れとなっています。その結果、プランクトンが豊富で、マグロの餌となるイワシやサンマも多く、昔からマグロの産地として有名でした。また潮の流れが速いことから、マグロの身もよく締まっているんです。

さらに、マグロが餌となる魚を追って大間沖に入ってくる11月から12月ごろには水温が低くなっており、マグロが皮と身の間に脂をしっかり蓄え、脂のよく乗った非常においしい状態になっているんです。100キロを超える大物も結構取れます。

毎年初競りで高値で取引されるのも200キロ級の大物です。この大間沖で取れた本マグロが、大間のマグロとして高値で取引されているんです。

さらに大間は、昔から一本釣りにこだわった漁師さんが多いことでも知られています。

世界的に主流となっている延縄（はえなわ）漁や網に比べて、一本釣りは1匹を取るのに何時間もかかり、効率は非常によくありません。しかもそう簡単に釣れるものではなく、大間の一本釣り漁師さんでも、月に1匹も釣れないということとは珍しくないそうです。

しかし、一本釣りで取れたマグロは魚体の傷やストレスが少ない上、1匹釣れたらすぐに漁港に持ち帰るため、非常にいい状態で出荷されることが多いのも、大間のマグロの価値を上げる理由となっています。

こうした好条件が重なって、大間のマグロはおいしいという評判が広がり、高いブランドイメージを形成

大間のマグロのお寿司

しているんです。
でもサンマなどほかの魚と同じく、近年は温暖化の影響なのか、大間沖のマグロの量も減っているとのことです。
くら寿司でも、期間限定で大間のマグロを提供したことがあり、大変ご好評をいただきました。
個人的な感想ですが、他の地域のマグロに比べて、味が濃厚でしっとりとしているように感じました。今後もまた提供できるよう努力していきますので、みなさんも機会があれば是非味わってみてください。

# 「卵」と「玉子」は何が違う？食べるのは最初？シメ？寿司屋が教えるタマゴの知識

突然ですが、皆さんはお寿司屋さんに行った時に最初に食べるネタは何でしょうか？「そんなの好きなものからに決まってるやん」って言う方が多いので

玉子は未就学児が好きなネタの１位

しょうか。

マルハニチロの「回転寿司に関する消費者実態調査2020」によると、最初に食べるネタの1位はサーモンで、マグロ（赤身）、中トロがそれに続いています。

「よく食べるネタ」のベスト3も全く同じですので、やっぱり皆さん好きなものから食べられるんですね。

ところで皆さんは、「寿司屋に行ったらまずは玉子焼きから食べるのが通《ツウ》!」って言われたことはありませんか?

筆者も若い頃、当時の会社の上司にお寿司屋さんに連れて行ってもらった時に聞かされた記憶があります。

「なんでお寿司屋さんなのにあえて玉子焼きを?」と不思議がる筆者に対して上司が言ったのは、以下のようなことでした。

寿司屋の玉子焼きは、単なる玉子焼きとは違う。卵にその店自慢の出汁を加えて砂糖や醤油で味を調えて焼く、その店の味のベースや技量がわかるネタなんや。だから玉子焼きを食べると、大体その店のレベルがわかるので、通は最初に食べてみるんや。

と言われても、当時の筆者には出汁がきいてておいしいなぁ、ということくらいしかわかりませんでしたが……。

余談になりますが、たまごには、「卵」と「玉子」の二つの漢字がありますが、皆さんは普段使い分けていますか？

厳密なルールがあるわけではないようですが、一般的には、生のものを「卵」、調理されたものを「玉子」と書くことが多いようです。確かに〝TKG〟と略されるご飯はあくまでも「卵かけご飯」であって、「玉子かけご飯」では違和感がありますね。

玉子のお寿司は、今の形のにぎり寿司が誕生した江戸時代からある伝統的なネタです。当時はまだ冷蔵庫もなかったため、時化《しけ》などで漁に出られないとネタとなる魚がたちまち不足してしまったはずです。そこで、当時は貴重品であった卵をネタに加えておくことで、お客さんも「それなら玉子でも食べておくか」となり、お客さんの不満を防ぐ役割を果たしていたということでしょう。

当時の玉子焼きが今の価値で３００円ほどで、アナゴやマグロ（赤身）の倍の値段だったというのは、先にご紹介した通りです。

くら寿司でももちろん玉子焼きは販売しています。えびマヨやコーンなどと並んで、お子様には大人気の定番のネタです。前出のマルハニチロの調査によると、玉子は未就学児が好きなネタの1位、小学生が好きなネタの5位に入っています。

ちなみに、同じ調査で、15歳以上の回答者が「シメに食べるネタ」は次のようなランキングでした。

❶サーモン、❷鉄火巻き、❸マグロ（赤身）、❹マグロ（中トロ）、❺玉子、❻エビ、❼えんがわ、❽ハマチ・ブリ、❾イカ、❿イクラ／ネギトロ（同率）

子どもたちが大好きな玉子はお子様セットにも

顔ぶれは「よく食べるネタ」とかなり重なっていますが、2位の鉄火巻きとともに、5位に入った玉子の健闘が目立っています。

回転寿司に来られるお客さまは、まず玉子で店の味を確認して……と「通」なこだわりを発揮することよりも、食べたいものを食べ、最後はちょっと甘めの玉子で……という自分に正直な方が多いということでしょうか。

難しいことを考えず、好きなネタを、好きな時に、好きなだけ食べて楽しい時を過ごしていただけているとしたら、回転寿司店の広報担当としてはとてもうれしいことです。

# 水中の短距離「金メダル」は食べてもおいしいあの魚速度はまさかのチーター並み！

東京オリンピック・パラリンピックは延期になりましたが、世界トップの選手たちの激しい戦いを日本で観ることができると思うと興奮を抑えられません。

中でも筆者が個人的に楽しみにしている競技の一つに陸上男子１００メートル

バショウカジキのスピードは時速 120 キロ

があります。かつては夢だった10秒の壁を3人もの選手が突破するなど、日本のレベルが大幅に上がっており、1932年のロサンゼルス・オリンピックの吉岡隆徳選手以来89年ぶりに、オリンピックの決勝で走る日本人選手が観られるかもという期待に、いまからワクワクしています。

皆さんご存じの通り、男子100メートルの世界記録は、ウサイン・ボルト選手の9秒58です。これを時速に直すと、37・5キロほどになります。

陸上動物の最速はチーターで、瞬間的には時速120キロのスピードが出せるそうです。すごいですね。

では、魚たちの泳ぐスピードはどの程度なんでしょうか？　ちなみに水泳の男子50メートル自由形の世界記録を時速にすると9キロ弱になります。

魚たちの中にもスピード自慢の魚がいっぱいいます。高級魚として有名なクロマグロもその一人（一匹？）です。

クロマグロは、口を開けて泳ぎながら、海水をえらに送り込んで呼吸をしています。したがって、泳ぎを止めると呼吸ができなくなって死んでしまうため、生まれてから死ぬまで、延々と泳ぎ続けなければならず、泳ぐのに適した紡錘形の体と滑らかな体表、そして強靱な筋肉をもっています。「泳ぐために生まれてきた」ともいえるクロマグロの最高時速は80キロ程度と言われています。

というものの、通常は時速10〜30キロ程度で回遊していて、餌を捕食するときや危険から逃げる時などに瞬間的に時速80キロ程度で泳ぐようです。まぁそうですよね。ウサイン・ボルト選手も、いつも全速力で走っていられるわけではありませんから。

余談ですが、止まると死んでしまうクロマグロは、どうやって眠っているんでしょうか？

まだ正確なことはわかっていないようですが、夜間は泳ぐ速度を落として、うとうとしながら泳いでいるとか、数秒間水中を降下しながら眠っているなどの説があるようです。いずれにしても、ゆっくり眠れないなんて、ちょっとかわいそうな気がしますね。

時速80キロでもかなりのスピードですが、実はクロマグロよりはるかに速いスピードを誇る魚がいるんです。

その名はバショウカジキ。聞きなれない名前かもしれませんが、体長2〜3メートルにも達する大型の回遊魚で、他のカジキと同じく上のあごが長く鋭く伸びています。一番の特徴は、大きな背びれ。普段は背中の上部にたたまれて収納されていますが、広げると帆船の帆のように大きく広がります。その姿から、英語では「セイルフィッシュ」と呼ばれています。日本語名のバショウカジキは、広げた背びれが、バショウの葉に似ていることからつけられたと言われています。

驚くのはそのスピード。なんと陸上のスピード王・チーターに匹敵する時速１２０キロものスピードで泳ぐことができるそうです。水の抵抗がある水中でそんなスピードで泳げるなんてすごいですよね。その他、マカジキやメカジキといった他のカジキ類も時速１００キロ程度で泳げるスピード自慢なんです。

もちろん、こちらも餌を追うときなどの瞬間的なスピードですし、最近では「実はもっと遅いのでは」という研究結果もあるようですが……。

カジキ類は食べてもとても美味しいんです。早く泳ぐために筋肉が発達しており、よくしまった身で食感と脂の乗りのバランスがいい感じです。

ちなみに、泳ぐのが遅い魚の代表としてよく挙げられるマンボウですが、普段は時速２〜３キロと、人が歩くより遅い速度で、ゆらゆらと漂っている感じですが、本気を出すと時速９キロ程度で泳ぐことができるそうです。

のんびりしたイメージですが、そこはやっぱり魚。その気になればオリンピックの競泳で金メダルを取れる速さで泳ぐことができるんですね。

# 日本人が好きな魚ベスト5はサーモン、マグロ、サンマ…あと二つは？魚へんに夏はどんな魚？

四季の移ろいがはっきりしていて、季節ごとの楽しみがあるのは日本の大きな魅力ですよね。お魚の世界ももちろん同じです。

「魚へんに秋」と書く鰍（カジカ）

魚へんに春と書くと「サワラ」。魚へんに冬と書くと「コノシロ」です。では、魚へんに「夏」と「秋」は何の魚だかわかりますか？

魚へんに夏は、「そんな漢字は存在しない」が正解です。ブリの幼魚「ワカシ」にこの漢字を当てることがありますが、皆さんのスマホやパソコンで「ワカシ」と入力しても、魚へんに夏の漢字が出てくることはないと思います。

では、秋は？ 秋を代表する魚と言えば……もちろん、秋刀魚とも書くサンマですよね。でも魚へんに秋はサンマではなく、「カジカ」という別の魚なんです。一体なぜだと思いますか？

---

サンマは江戸時代には人々に知られてはいましたが、脂が多すぎてあまり人気がなく、形が似ている「サヨリ」にあやかって、「オキサヨリ」などと呼ばれたり、脂をあんどんを灯すのに使ったりする程度の魚だったので、学者もわざわざ漢字を考えることをしなかったと言われています。

ではなぜカジカに「鰍」を当てたのかですが、鰍は中国では「ドジョウ」のことで、カジカの見た目がドジョウに似ていたからという説が有力なようです。

最近の調査によると、我々日本人が好きな魚は、「サーモン」「マグロ」「サンマ」「アジ」「サバ」が、様々な調査で不動のベスト5とのことです。

真鯛やハマチ（ブリ）が入っていなくて、サンマが入っているのはちょっと意外かもしれません。サンマが人気の理由は「脂が乗った身の甘さ」「他の魚に比べて柔らかい身質」、そして「内臓を取り除くことなくそのまま焼いて食べられる手軽さ」とのことです。確かに、脂のよく乗ったサンマの塩焼きを食べると、日本人に生まれた幸せを感じます。

皆さんもよくご存じの通り、そのサンマが近年、不漁で大変なことになっています。

サンマは、北太平洋の温帯から亜寒帯に広く生息していて、8月ごろに千島列島あたりにいったん集まって、産卵のために日本列島に沿って群れで南下していきます。ちょうど北海道から三陸沖あたりにまで南下したものが、脂のノリも良く、塩焼きには最高と言われています。

そして紀伊半島あたりまで来ると、すでに産卵を終えて脂も落ちてしまっているんですが、これらは、塩焼きではなく、丸干しにすると美味しいとのことで、三重や和歌山ではサンマの丸干しが有名です。

毎年8月中旬から北海道や東北地方の太平洋岸で本格的な漁が始まるんですが、2019年は前年の約3分の1の4万517トンしか取れませんでした。

日本人が大好きなサンマのお寿司

20年はさらに深刻な不漁で、8月末には一匹１５００円という信じられない価格で取引されていました。

近年のサンマの不漁の原因については、温暖化の影響でサンマが南下するルートが変わったとか、日本近海に来る前に中国や台湾の漁船が根こそぎとってしまうからなどさまざまな説が言われていますが、まだ本当のところはわかっていません。

中には、サンマは昔から豊漁と不漁を定期的に繰り返してきたので、たまたま近年が不漁期に当たっているだけで、そのうちに元に戻るという楽観論を唱える方もいます。

とはいえ、現在の不漁が21年も続くと、冷凍して保管してあるサンマも底をついてきて、気軽に食べることができなくなってしまいます。このままでは、鰻に続いてサンマも気軽に食卓に上る庶民の味ではなくなってしまうかもしれません。

# お魚寿命ランキング1位はなんと最長500年超!真鯛40年、鰻70年を圧倒するその正体は

私たち日本人の平均寿命は、女性が約87歳、男性が約81歳となっており、女性の2人に1人は90歳まで生きると言われています。人生100年時代が現実のものになりつつあるようです。

皆さんは、魚の寿命について考えたこ

ニシオンデンザメの寿命は200年以上

とはありますか？

　魚の年齢は、ウロコや耳石などを調べることで推定することができ、一般的には、体の大きな魚は小さなものに比べて寿命が長い傾向があります。

　比較的なじみのある魚でみてみると、ワカサギやアユなどは平均寿命が1年程度と非常に短命です。

　寿司ネタとして有名なところでは、サバやイワシなどは7〜8年程度、ブリやスズキ、マグロ、ヒラメなどは10〜20年程度と言われています。イカやタコは非常に短命で、1年程度で生涯を終えるものが多くなっています。

　比較的長寿な魚としては、20〜40年生きると言われている真鯛や、50〜70年生きると言われている鰻などがあげられるでしょうか。

　一般的に魚は、年齢が上がるほどサイズも大きくなると言われていますので、大相撲の優勝力士が掲げている大きな真鯛は、掲げている力士と同じか年上の、30歳前後まで生きている可能性が高そうです。

　ちなみに真鯛は大きくなりすぎると味が落ちると言われており、2年程度の30センチ前後のものが脂の乗りと身の締まり具合のバランスがよくて美味と言われていて、くら寿司でもこの2年ものの真鯛にこだわって提供しています。

長寿のイメージが強いコイについては、一般的には50～80年程度生きると言われており、過去には200年以上生きたものがいるとも言われています。やっぱりとても長生きなんですね。

でも、さらに信じられないほど長生きの魚がいるんです。主にグリーンランド周辺など北大西洋の冷海水域に生息しているニシオンデンザメです。

一般的にサメの寿命は長く、ジョーズで有名なホオジロザメは人間並みの70年以上生きると言われていますが、ニシオンデンザメの寿命は桁違いに長く、平均で200年以上生きるようです。

数年前には、なんと体長5・4メートル、推定512歳のニシオンデンザメが発見されています。

今から約500年前と言うと、日本では室町時代の末期から戦国時代が始まるころです。織田信長も豊臣秀吉も徳川家康もまだこの世に生まれていません。

戦国の乱世からその後の江戸時代、明治、大正、昭和、平成そして令和と、地上での人間の営みとは関係なく、北極海の海底で人知れず過ごしてきたサメのことを考えると、日々のいろんなことがどうでもよく思えてしまいます。

このニシオンデンザメは、地球上で最も動きのおそい脊椎動物と言われており、通常泳ぐ速度は時速1キロ程度とのことです。

　サメなのに、こんなにのろくてエサを捕獲できるのかと心配になりますが、あまりに動きがのろいために、気づかずに近づいてきた魚を不意打ちで襲ったり、居眠りしているアザラシを襲ったりしているようです。冷たい海の中で、極めてゆっくりとした動きで、代謝も低いため、そんなに大量のエサが必要というわけでもないようです。

　さらに動きがのろいだけでなく、成長も遅く、1年に1センチ程度しか成長せず、性的に成熟するのも150歳程度と言われています。

　こうしてみると、ニシオンデンザメの生き様は、決して急がず焦らず、マイペースを貫く、究極のスローライフのようなものでしょうか。ちょっとあこがれる部分もありますね。

　魚の寿命のことなんて、考えたことがない、という読者がほとんどでしょう。魚って、思っていた以上に長生きだと思いませんか？

優勝力士が掲げる大きな真鯛は
30歳前後

# 寿司ネタのカロリー、タコはトロの5分の1！

## アジとイワシ、甘エビとサーモン、どっちが高い？

体重の増減が全然気にならない、という人がいたら、その人はとても幸せですよね。残念ながら筆者は、おいしい食べ物が多い秋から冬についい食べ過ぎて2〜

甘エビのお寿司は一貫 38.5 キロカロリー

大葉生タコのお寿司は一貫
35.5 キロカロリー

３キロ太ってしまい、春から夏にかけて頑張って元に戻すということを繰り返しています。

今回は、魚のカロリーについて、お寿司屋さんの代表的なネタで見てみたいと思います。魚は低カロリーでヘルシーなイメージがあると思いますが、ネタによって結構カロリーが違うんです。

１００グラムあたりでみていきます。回転寿司の場合、一般的な目安として１００グラムはお寿司7〜9貫分程度でしょうか。

お寿司屋さんでよく見かけるネタの中で、トップクラスにカロリーが低いのは、タコやイカです。それぞれ、76キロカロリー、88キロカロリーとなかなかの低カロリーです。

またタコは腹持ちがよく満腹感を得られやすく、イカには良質なたんぱく質が含まれているほか、メタボ予防に効果のあるタウリンも多く含まれているなど、ダイエットのお供としては最適なのではないでしょうか。

意外なところでは、甘エビも87キロカロリーと、イカ以上の低カロリーです。さらにコラーゲンも多く含まれているので、美容の面でも嬉しいですね。

またホタテも、脂質が少なく、たんぱく質やミネラルが豊富で、カロリーも98キロカロリーと低めです。

くら寿司での人気ナンバー1で、年間7千万皿以上を販売するマグロ（赤身）は、125キロカロリーとなっていて、タイ（194キロカロリー）やサーモン（139キロカロリー）より低くなっています。

一方、ハマチは高く、257キロカロリーもあるんです。確かに、脂の乗ったハマチやブリはトロッとしていておいしいですが、その分高カロリーなんですね。

高カロリーのネタには、ほかにどんなものがあるんでしょうか。

みんな大好きなトロは、344キロカロリーと想像通りの高さです。そして秋を代表する魚であるサンマも、310キロカロリーとトロに匹敵する高カロリーです。

ちなみに、マクドナルドのチーズバーガーは1個で307キロカロリーですので、サンマは100グラムでチーズバーガー1個に匹敵するカロリーなんですね。

では庶民的な魚の代表であるアジとイワシでは、どちらのカロリーが高いのでしょうか。

アジの121キロカロリーに対してイワシは217キロカロリーとイワシの方

がかなり高カロリーになっています。

ちなみに、くら寿司のにぎり寿司のメニューの中で、1貫あたりの低カロリーのトップクラスは、石垣貝（35キロカロリー）、大葉生タコ（35・5キロカロリー）、大葉甲イカ、ヤリイカ（36・5キロカロリー）となっていて、やはりイカやタコが上位になります。

石垣貝のお寿司は一貫35キロカロリー

ここまでネタのカロリーを見てきましたが、シャリも見逃せませんね。一般的なシャリのカロリーは、100グラムあたり161キロカロリー程度です。シャリのカロリーは気になるけど、やっぱりお寿司が好きという方に耳寄りな情報を……。くら寿司には「シャリハーフ」というメニューがあります。お寿司のシャリを半分にして、その上に通常のネタを乗せたもので、小食だけど色んなネタを食べたいお客様に人気のメニューです。

カロリーや糖質が気になるという人も、罪悪感を軽減して、お寿司をおなかいっぱい食べられますよ。

# 台湾の人気寿司ネタランキングで圧倒的人気の魚とは？日本の3位は不人気で販売中止に



新型コロナウイルス対応の優等生として世界中から注目されている台湾。2019年に日本でも爆発的なブームとなったタピオカミルクティーの発祥の国とし

「日式」の回転寿司は台湾で大人気。台湾の象徴ともいえる101ビル近くには信義ATT店がオープンした

ても有名ですよね。

台湾に行ったことがある方はご存じかもしれませんが、実は台湾にもくら寿司のお店があるんです。

くら寿司が台湾に初めて出店したのは、14年12月です。きっかけは、12年に台湾当局の経済部（日本でいうと経済産業省でしょうか）から、ぜひ台湾に出店してほしいと要請を受けたことでした。前年の東日本大震災の際、日本に対して多大な支援をしてくれた台湾に、日本企業として何らかの形で恩返しができればとの思いもあり、進出を決めました。

当社の進出以前にも回転寿司のお店はありましたが、日本の会社が運営する、いわゆる「日式」の回転寿司は当社が初めてでした。

現在では、台湾全土で29の店舗を展開しています。20年8月には、台湾の象徴ともいえる101ビルのすぐ近くに信義ATT店をオープン、開店初日から非常に多くのお客様にご来店いただいています。

もちろん台湾でも、日本と同様、お子様に大人気のビッくらポン！もありますし、防菌寿司カバー・鮮度くんも活躍しており、「まるで日本にいるみたい」と日本好きの台湾の方々にも好評です。

ご存じの方も多いと思いますが、台湾の人たちは基本的に共働きで、食事も外食中心、外食率が95%にものぼる外食王国です。そうした中で、台湾の人たちが好きな外国料理では、イタリアンなどを抑えて、和食がダントツの人気なんです。

もちろん日本のことも大好きで、新型コロナ感染拡大前の19年には、年間で約500万人が日本を訪れていました。この数は、中国、韓国に次いで3番目に多くなっています。台湾の人口は約2400万人ですので、実に5人に1人以上の台湾の人が日本を訪れていたことになるんです。

そして、台湾の人たちはもちろんお寿司も大好きです。

突然ですが、ここでクイズです。くら寿司のネタの中で、台湾の人たちが好きなネタのベスト3は何だかわかりますか?

ちなみに日本のくら寿司での人気ベスト3は、熟成マグロ、トロサーモン、ハマチの順です。

答えは、1位がトロサーモン、2位が炙りサーモンてりマヨ、3位が熟成マグロの順になります。サーモンが1位、2位なんですね。

実は台湾の方はサーモンがとても好きで、続く4位が炙りチーズサーモン、5位が焼きはらすと、ベスト5のうち四つがサーモンのメニューになっています。

日本でもサーモンは、女性やお子さま

を中心に人気のネタですが、ここまで極端ではありません。

　そしてもう一つ、日本では3位に入る人気のハマチですが、台湾ではまったく人気がなくて、現在は販売していません。

台湾で一番の人気のトロサーモンのお寿司

　元々台湾など中国系の方は、基本的に生物《なまもの》はほとんど口にしないと言われていました。それが、訪日客の増加や和食のグローバル化とともに、徐々にお刺身やお寿司など生の魚も食べるようになってきました。
　それでも、ハマチなどの魚っぽさが強いものより、脂が多く甘みを感じられるサーモンや炙りなどが好まれるということのようです。
　20年9月には、台湾のくら寿司を運営している「アジアくら寿司」が、台湾の証券取引所に上場しました。今後も台湾をはじめ、和食の代表であるお寿司の美味しさを、世界の人々に広めていきたいと思います。

# 万葉集に登場する魚は わずか8種！ 最多登場は 意外なあの魚…

　コロナ禍で気持ちがふさぎ、すっかり遠い昔のことのようになってしまいましたが、日本全体が新元号「令和」に沸いたのはほんの少し前のことです。

　令和は、元号として初めて、中国の古典ではなく日本の歌集である『万葉集』

約300年前に出版された万葉集の和古書

を出典（典拠）としていることでも話題になりましたね。

「令和」の典拠となった元々の歌は、こんな感じです。

初春の令月にして、気淑《よ》く風和《やわら》ぎ、梅は鏡前の粉を披《ひら》き、蘭は珮後《はいご》の香を薫《かおら》す（梅花の歌、三十二首の序文）

元号「令和」の考案者とみられる文学者の中西進さんは、１９８４年の著書『萬葉集　全訳注　原文付』でこう訳しています。

「時あたかも新春の好《よ》き月、空気は美しく風はやわらかに、梅は美女の鏡の前に装う白粉《おしろい》のごとく白く咲き、蘭は身を飾った香の如きかおりをただよわせている」

この文は、奈良時代の初め、当時の大宰府の長官、大伴旅人の邸宅で開かれた「梅花の宴」で詠まれた歌を、旅人自身がまとめたものの一部だそうです。

ということで今回は、万葉集に登場する魚についてのお話です。

皆さんご存じの通り、万葉集は飛鳥時代の終わりから平安初期にあたる7世紀後半から8世紀後半にかけて編纂された、現存するわが国最古の和歌集です。収録された歌は約４５００首といわれ、人々の暮らしを生き生きと描いた歌も多く、当時の生活を知る上でも貴重な資料といえます。小中学校の社会科の授業で習った「防人の歌」を覚えていらっしゃるかたも多いのではないでしょうか。

　万葉集には多くの生き物が登場するのですが、鳥や哺乳類に比べて魚は少なく、先の中西さんの『万葉古代学』によると、具体的な名称がわかるものは、以下の8種類だけのようです。

　鮎（アユ）、鮒（フナ）、鱸（スズキ）、鮪（マグロ）、鰻（ウナギ）、鯛（タイ）、鰹（カツオ）、鰶（ツナシ＝コノシロのこと）。

　最も多く登場するのは鮎で、16首に登場するそうです。

---

　ではここで、魚が登場する歌をいくつか見てみましょう。

醤酢《ひしおす》に蒜《ひる》搗《つ》き合《か》てて鯛願ふ我にな見えそ水葱《なぎ》の羹《あつもの》

　この歌の意味は、こんな感じです。

「おろしにんにくをいれた酢醤油で（おいしい）鯛を食べたいと思っている私に、（おいしくない）ミズアオイのお吸い物は見えないようにしておいてください（＝ミズアオイのお吸い物は食べたくない！）」

　当時から鯛はなかなか食べられない人気の高級魚だったようですね。

　もう一首、「令和」の典拠となる文を

作った大伴旅人の息子で、万葉集の編纂者の一人と言われる大伴家持はこんな歌を詠んでいます。

万葉集に最も多く登場する鮎

石麻呂に吾《われ》物申す夏痩せに良しといふ物ぞ鰻《むなぎ》取り食《め》せ

意味はこうです。「(夏バテでやつれてしまっている)石麻呂に教えてあげたよ。夏バテには鰻がいいというから、取ってきて食べた方がいいですよと」

　今でも鰻は滋養強壮に効くとして、夏バテ防止のために食べられていますが、万葉の時代からそうした慣習があったことがわかります。

　ところで、最も登場回数が多い鮎の歌ですが、その大半は大伴旅人・家持親子が詠んでいるそうです。親子そろって鮎が大好きだったのかもしれませんね。

　奈良時代や平安時代の人々が食べている風景を思いだしながら食べる魚たちは、いつもより深く特別な味わいになると思います。

# 鰻の旬は夏じゃない!? 養殖の鰻がほとんどオスの理由とは

突然ですが、「鰻と聞いて連想することは?」と聞かれた時、皆さんは何と答えますか? 「土用の丑の日」と答える方も多いのではないでしょうか?

古来、鰻は栄養豊富で滋養強壮に良いとされ、先に紹介したとおり、万葉集に

握り寿司なら、脂の乗った鰻を酢飯とワサビでさっぱり楽しめる

も、大伴家持が詠んだ「夏バテでしんどそうな人に鰻を勧めておいたよ！」という歌が収められています。

ご存じの方も多いと思いますが、土用の丑の日に鰻を食べる、というのは、江戸時代の発明家・平賀源内が知り合いのうなぎ屋に頼まれて考案したマーケティング手法です。夏の暑い時期に鰻を販売する方法を相談された源内が、「今日は丑の日」と書いた紙を店先に貼っておくようアドバイスしたことが始まりと言われています。

ただ、実は「そう言われても、よくわからないな」と感じられていた方も多いのではないでしょうか。「土用」は、立春・立夏・立秋・立冬直前の約18日間を表す言葉です。そして、昔の暦では日にちを十二支（子・丑・寅・卯……）で数えていました。土用の丑の日というのは、「土用の期間」におとずれる「丑の日」を指しているのです。つまり、土用の丑の日は夏だけではなく春にも秋にも冬にもあり、また、それぞれの土用に2度の丑の日が訪れることもある、ということですね。

じゃあ、なぜ丑の日に鰻なのかというと、「うし」の日だから「う」の付くものを食べよう、という平賀源内流の語呂合わせだったようです。

栄養たっぷりの鰻で夏バテを乗り切ろ

う、というのは古くからの日本の知恵。でも、ちょっと待って下さい。それは鰻がうまくなる「旬」とは別の話。では、鰻の旬はいつなのでしょうか？

鰻は11～12月ごろにマリアナ海溝付近の外洋で産卵し、孵化した幼魚は5年から10年ほどかけて成魚になるといわれています。

一般的に魚は、産卵に向けて餌を活発に食べている時期が脂が乗って一番おいしいとされています。なので、天然の鰻の旬は、9～10月ごろと言ってもいいのではないでしょうか。

でも最近は天然の鰻は非常に少なくなってしまいました。スーパーや普通のお寿司屋さんで皆さんが目にしているのは、12月頃に孵化したシラスウナギをとってきて育てた、養殖の鰻がほとんどです。

養殖にあたっては、5～10年もかけて育てていたのでは餌代等のコストがかかってしまうので、栄養価の高い餌を与えることで、半年～1年半ほどで食べごろの大きさに育てて出荷しています。

余談ですが、鰻はその生育環境で雌雄が決まると言われていますが、養殖の鰻はほとんどが雄なんです。過密環境によるストレスや早く育てる環境が影響している等の説がありますが、まだ正確な理由はわかっていません。

香ばしく焼き上げた鰻に甘辛いタレがたまらない鰻丼

養殖の鰻は、ビニールハウス等の管理された環境で、出荷時期をコントロールしながら育てられるため、一年中おいしい鰻が食べられるようになっており、そういう意味では特に旬はない、ということになります。

ただ鰻の身は消化吸収がよく、夏バテに効果のあるビタミンAも豊富なので、暑い時期に鰻を食べるのは理にかなっています。旬がいつかにかかわらず、夏場に鰻を食べようと呼びかけた平賀源内のアイデアは、現代の科学に照らし合わせてもすばらしいものだったと言えそうです。

食べ方は、鰻丼もいいですが、甘いタレをつけて香ばしく炙った鰻のお寿司も最高ですよね。地球温暖化の影響なのか、近年は厳しい暑さの夏が続いています。夏本番になってからだけではなく、夏日や真夏日が増え始める5月ごろから、早めの暑さ対策として、おいしい鰻のお寿司を食べるようにしてみてはいかがでしょうか。

# 「鮭」と「サーモン」は別物だった！元々の種類と、もう一つの違いとは

「回転寿司でよく食べるメニューは？」と聞かれたら、何をあげますか？

筆者は迷わず「イカ」なのですが、マルハニチロの「回転寿司に関する消費者実態調査」によると、「よく食べる回転寿司のネタ」は、9年連続で「サーモ

回転寿司で使用されているアトランティックサーモン

ン」が1位となっています。
2020年版のトップ10は以下の通りでした。
❶サーモン、❷マグロ（赤身）、❸マグロ（中トロ）、❹ハマチ・ブリ、❺エビ、❻ネギトロ、❼イカ、❽エンガワ、❾イクラ、❿アジ

極厚サーモンのお寿司

適度に脂の乗ったサーモンは、魚特有の生臭さも少なく、どちらかというと甘みを感じる味わいで、くら寿司でも幅広い層に人気のメニューです。特にお子様や女性の人気はとっても高く、マルハニチロの調査でも、男性では1位のサーモンが41・3％、2位のマグロ（赤身）が36・7％と僅差だったのに対して、女性では50％以上の方がサーモンをあげており、ダントツでした。

ところで、英語の〝salmon〟の日本語訳は「鮭」ですよね。鮭は日本でも昔から一般的によく食べられていて、旅館の朝食の定番である「塩鮭」やお正月の「荒巻鮭」、石狩鍋などで広く親しまれてきました。

では、なぜ回転寿司のメニューでは、「鮭」ではなく「サーモン」なんでしょうか？　鮪は「ツナ」ではなく「マグ

ロ」と呼んでいるのに……。

実は昔から日本で一般的に食べられていたのは、「白鮭（銀鮭）」と呼ばれる種類の鮭なんです。白鮭には、アニサキスと呼ばれる寄生虫がいることが多く、生食には向いていませんでした。現在も、スーパーなどで「加熱用」として売られているのは白鮭が多いようですが、アニサキスは加熱したり冷凍したりすると死滅してしまうので、加熱して食べるなら問題はありません。

一方、回転寿司で使っているのは、ノルウェーなどで養殖された「アトランティックサーモン」という種類のサーモンか、淡水魚であるニジマスを海水で養殖した「トラウトサーモン」という種類なんです。

また、一般的にアニサキスは、オキアミなどの自然のエサを通じて寄生するので、人工餌で育てられた養殖のサーモンは、生で食べても安心です。

加熱用の「鮭」と、寿司ネタの「サーモン」は、元々の種類も、育ち方も違うんですね。

回転寿司チェーンにとってサーモンがありがたいのは、味にクセがなく、さまざまなアレンジを加えやすい点です。多様なメニューを開発することで、お客さまに何度も来店していただけるよう努力しています。

くら寿司のメニューでも、「サーモン」のほかに「極厚サーモン」「オニオンサーモン」「焼きはらす」「とろサーモン」「炙りチーズサーモン」など、様々な種類のメニューを揃えています。

マルハニチロの調査でも、回転寿司でよく食べる「変わり種の寿司」として、3位のオニオンサーモンを筆頭に3品がトップ10入りしています。

炙りチーズサーモンのお寿司

ちなみにこちらのランキングでは、1位がエビアボカド、2位がエビ天と、エビがワンツーフィニッシュを決めており、「よく食べるネタ」のリベンジ（?）を果たしています。筆者の推しネタのイカは、残念ながら10位の「イカ天」だけという結果でした（涙）。

切り方を変えたり、異なる部位を使ったり、焼いたり、他の食材を合わせたり。サーモンは調理方法によって味わいが大きく変化します。いろんな種類のお魚を食べるのも楽しいですが、たまにはサーモン寿司のコンプリート、なんていう食べ方にもチャレンジしてみませんか？

# マグロは呼び名が変わるのになぜ出世魚ではない？意外すぎる理由とは

皆さんは、「出世魚」という言葉を聞いて、どんな魚を思い浮かべるでしょうか。ブリでしょうか？　スズキ？　中にはボラという方もいるかもしれませんね。

ブリは、モジャコ（稚魚）→ワカシ／ツバス→イナダ／ハマチ→ワラサ／メジ

意外にも出世魚と呼ばれる条件は厳しい

ロ↓ブリと呼称が変わります。地域によって呼称が変わったり、呼称が変わる大きさについても違いがあったりして、一概には言えないようですが。
スズキは、セイゴ↓フッコ／ハネ↓スズキ、ボラは、オボコ↓イナゴ↓イナ↓ボラ↓トドと出世していきます。

出世魚の代表格、ハマチのお寿司

余談ですが、「とどのつまり」の「とど」は、ボラの最終形の呼称からきています。もうこれ以上は出世しない、大きくはならないという意味が由来なんですね。海獣のトドと思っていた方も多いのではないでしょうか？

意外なところでは、真イワシも出世魚と言われています。真イワシは、シラス↓カエリ↓コバ↓チュウバ↓オオバと出世していきます。シラスとオオバ（イワシ）はご存じの方も多いと思いますが、その中間の呼称については、ご存じない方も多いのではないでしょうか。

では、みんな大好きなマグロはどうでしょう。マグロも小さいときはメジやチュウボウと呼ばれ、成長に伴って呼称が変わりますが、出世魚とはあまり言いません。それはなぜなんでしょうか。

出世魚と呼ばれる条件として重要なのは、成長にともなって味が変化しておいしくなり、姿かたちも立派になるということが挙げられます。

竹千代→元信→元康→家康と名前を変えた徳川家康のように、江戸時代までは、元服を迎え大人になった時や、身分や位が変わった時などに名前を変えていました。そうした儀式の際に縁起を担ぎ、新たな門出を祝うという意味合いで、祝宴に「出世魚」を出して祝っていました。

現在でも、生後100日前後に行う「お食い初め」のメニューとして、尾頭付きの出世魚を用意する地域もあるようです。

従って、見た目が立派で美しく、味もおいしいものが好まれたというわけです。そしてもう一つ、縁起がいい魚でなければだめなんです。

冷蔵技術が発達していなかった江戸時代、赤身のマグロは傷みが早く、敬遠されていました。現代では超高級食材のトロでも、脂ばかりで猫も食べないということで、猫マタギと呼ばれていた時期もあったほどです。

また、マグロの別名シビが「死日」と通じるので、縁起が悪いということで武士たちからは敬遠されていました。この「縁起の悪さ」が、マグロがあまり出世魚と呼ばれない理由のようです。

位置づけが微妙なのが、コノシロです。

コノシロは、シンコ→コハダ→ナカズミ→コノシロと呼称が変わります。

　実はコノシロは、小さいほうが人気で商品価値が高いんです。江戸前寿司の人気ネタのひとつにコハダがありますよね。骨を残したまま酢で締めて寿司にするんですが、コノシロクラスになると、骨が太く硬くなり、非常に食べにくく、骨が細くて軟らかいシンコやコハダクラスが重用されています。

　ということで、

意外に知られていない出世魚、イワシのお寿司

コノシロを出世魚と呼んでいいのかどうかは、意見が分かれています。
　我々会社員も、平社員に始まり、係長→課長→部長→役員→社長と呼称は変化していきますが、それに伴って中身もその名称にふさわしいものになっていかなければ、本当の意味での出世とは言えないのかもしれませんね（苦笑）。
　そんな難しいことはさておき、会社での栄転や進学などのおめでたいことがあったときには、皆さんで出世魚のお寿司でも食べながら、楽しくお祝いをしてみてはいかがでしょうか？

# マグロのお寿司はなぜ高い？完全養殖成功でも安くならないワケとは

以前の回で書いた通り、回転寿司でお客様に一番人気の商品は「サーモン」ですが、次に人気なのは「マグロ」です。サーモンが女性やお子様から圧倒的に支持されているのに対して、マグロは男性のお客様の人気が高いのが特徴です。

100キロを超える巨大クロマグロ

何度か紹介しているマルハニチロの調査によると、男性のお客様では赤身と中トロを合わせると70％に迫るほどの支持を得ています。

マグロは、赤身、中トロ、大トロと部位によって呼び名が変わり、値段も大きく変わります。生の本マグロの大トロが1貫2千円とか3千円という高級なお店もありますよね（筆者は行ったことはありませんが……）。年始には、マグロの初競りで1億円超の値が付いたというニュースも流れます。

なぜマグロはこんなにも高いんでしょうか？

一口にマグロと言っても、クロマグロ（本マグロ）からミナミマグロ（インドマグロ）、メバチマグロ、キハダマグロ、ビンナガ（ビンチョウ）マグロといろんな種類のマグロがあります。中でも、北半球の熱帯から温帯域に生息しているクロマグロと、南半球の温帯域に生息するミナミマグロが高級魚として人気を集めています。

特にクロマグロは、大きいものは数百キロ級にまで育ちます。大きい魚体は、それだけ餌を多く食べているので身の脂の乗りもよく、人気のトロの部分も大きいと言われていることから需要が高くて、値段も高くなっています。年始に高値で話題を集める大間のマグロも、このクロマグロです。

ただ、クロマグロやミナミマグロは絶滅危惧種に指定されるほど、資源量が少なくなってしまっているんです。加えて、中国やアメリカ等の日本以外の国でもマグロの人気が高まり需要が増えていることも価格高騰の原因となっています。

45ページでもマグロの生態について紹介していますが、マグロは口を開けて泳ぎながら、口から入った海水からえらを通して酸素を取り入れて呼吸しているので、止まると窒息して死んでしまいます。従って、昼夜を問わず死ぬまで泳ぎ続けているんです。それもなんだかしんどそうですよね。

---

2002年に、近畿大学がクロマグロの完全養殖に成功したというニュースが大々的に報じられ、これでクロマグロが安く食べられると喜んだ方も多いと思いますが、残念ながら完全養殖のクロマグロも、市場の価格を下げることはできていません。

というのも、我々日本人が年間に消費するマグロは約40万トンと言われている中で、養殖のマグロは1万トン程度とごくわずかです。さらに、マグロを1キロ太らせるために必要なイワシなどのエサの量は15キロと言われ、決して効率はよくはありません。魚粉などを原料とした人工餌での養殖はまだ商業ベースには乗っていないようです。

　ということですので、人工餌を使ってコストを抑えた養殖が商業ベースにのるまでは、資源量に気を使いながら、天然のマグロに頼っていくしかありません。

　とはいっても、日本の近海で取れる生のクロマグロは非常に高価で、簡単に食べるというわけにはいきませんよね。

さまざまな味が楽しめるマグロのお寿司3貫

　そこで、クロマグロやミナミマグロに比べて、比較的安価で入手できる冷凍のメバチマグロやキハダマグロを食べることも多いと思います。これらのマグロも、赤身はプリプリ、トロも十分に脂が乗っていてとてもおいしく、筆者も大好きですが、やっぱり時にはマグロの王様、クロマグロも食べたいですよね。

　くら寿司をはじめとする回転寿司店では様々な経営努力によって、期間限定ではありますが天然のクロマグロを手軽に食べられる価格で提供することもあります。そんなチャンスを逃さず、是非召し上がってみてください。

# オス同士が出会ったら一方が雌に？複雑怪奇なお魚の性転換事情

異性に対して消極的な「草食男子」や乙女的な趣味を持つ「オトメン」など、若者の中性化が顕著になってきたと言われています。ただ、ここでいう中性化とは、社会的な性別という意味合いが強そうです。

魚たちの性別はかなり複雑

真鯛はほぼすべてが一度はメス時代を経験

それとは別の話として、身体的な性別と性自認が異なるといった多様な性の在り方についても、近年は理解が広がりつつありますよね。

今回は、魚たちの性別のお話です。実は魚たちの世界では、男から女へ、女から男へ……と性転換する種が珍しくなく、性別が結構複雑なんです。

例えば他の魚につく寄生虫を掃除することで知られるホンソメワケベラは、1匹のオスと複数のメスで群れを作って、半径50メートル程度の縄張りの中で生活し繁殖を行っていますが、その1匹のオスがいなくなると、群れの中で一番大きなメスがオスに性転換して縄張りを守り、繁殖を行っていくそうです。

また、おでこにある大きなこぶが特徴のコブダイは、生まれた時はすべてメスで、大きく成長したメス同士が争い、勝った方がオスに性転換して繁殖を行うそうです。

他にも、映画「ファインディング・ニモ」のモデルとの説も出て人気となったイソギンチャクに隠れて身を守るカクレクマノミは、基本的には生まれた時はすべてオスです。そしてその群れの中で一番大きな個体がメスに性転換して、2番目に大きなオスと交尾して子孫を残します。そしてそのメスがいなくなると、2番目に大きかったオスがメスに性転換して、その次に大きなオスとペアになるそうです。一匹の魚がメスからオスへ、オスからメスへ……とかなり複雑ですね。

このように、生まれた後で性転換する魚は、全世界に300種類程度いるそうですが、彼らはどういう目的で性転換するのでしょうか？

それは、子孫を残せる確率を少しでも高めて、種としての存続をはかるためなんです。海の中では、地上に比べてはるかに厳しい生存競争が繰り広げられています。そうした中で自分たちの子孫を残し、種として存続していくためには、効率的により大きくて強い個体の子孫を残すことが必要ということなんでしょう。

こんな例もあります。ダルマハゼは、たまたまオス同士やメス同士が出会った場合、大きい方がオス、小さい方がメスとなるように性転換します。

広い海の中でやっと出会えた仲間なのに、同性で子孫を残せないということのないための仕組みでしょうか。どちらもほぼ同じ大きさだった場合はどうなるのか気になるところではありますが……。

身近なところでは、寿司ネタとしても

人気の鯛の仲間にも、成長の途中で性転換をするものがたくさんいます。

一般的には、真鯛など体色が赤い鯛は生まれた時は両性状態だそうです。それが少し成長するとほとんどの個体がいったんメスとなり、成熟する頃には雌雄がほぼ半数ずつという性の転換をします。真鯛はほぼ全員が一度はメス時代を経験しているんですね。

一方クロダイは生まれた時はほぼ全数がメスですが、ある程度大きくなるとほとんどの個体がオスとなり、成熟する頃には、やはり雄雌が同数になっていくそうです。

クロダイは、ほとんどがオスとメス両方になったことがあるわけですね。

そんなお魚の性別事情をきっかけに、家族やパートナーと生まれ変わったらどんな性別に生まれ変わりたいか？といった話をしながらリラックスした時間を過ごすのも、楽しいかもしれませんよ。

クマノミは生まれたときはすべてオス

# 世界最大のダイオウイカは「めちゃマズ」！イカたちの獰猛すぎる狩りの方法とは

「烏賊」と書いてなんと読むかわかりますか？　そう、イカですよね。でもなぜ海の生き物なのに烏《カラス》という漢字が使われているんでしょうか？

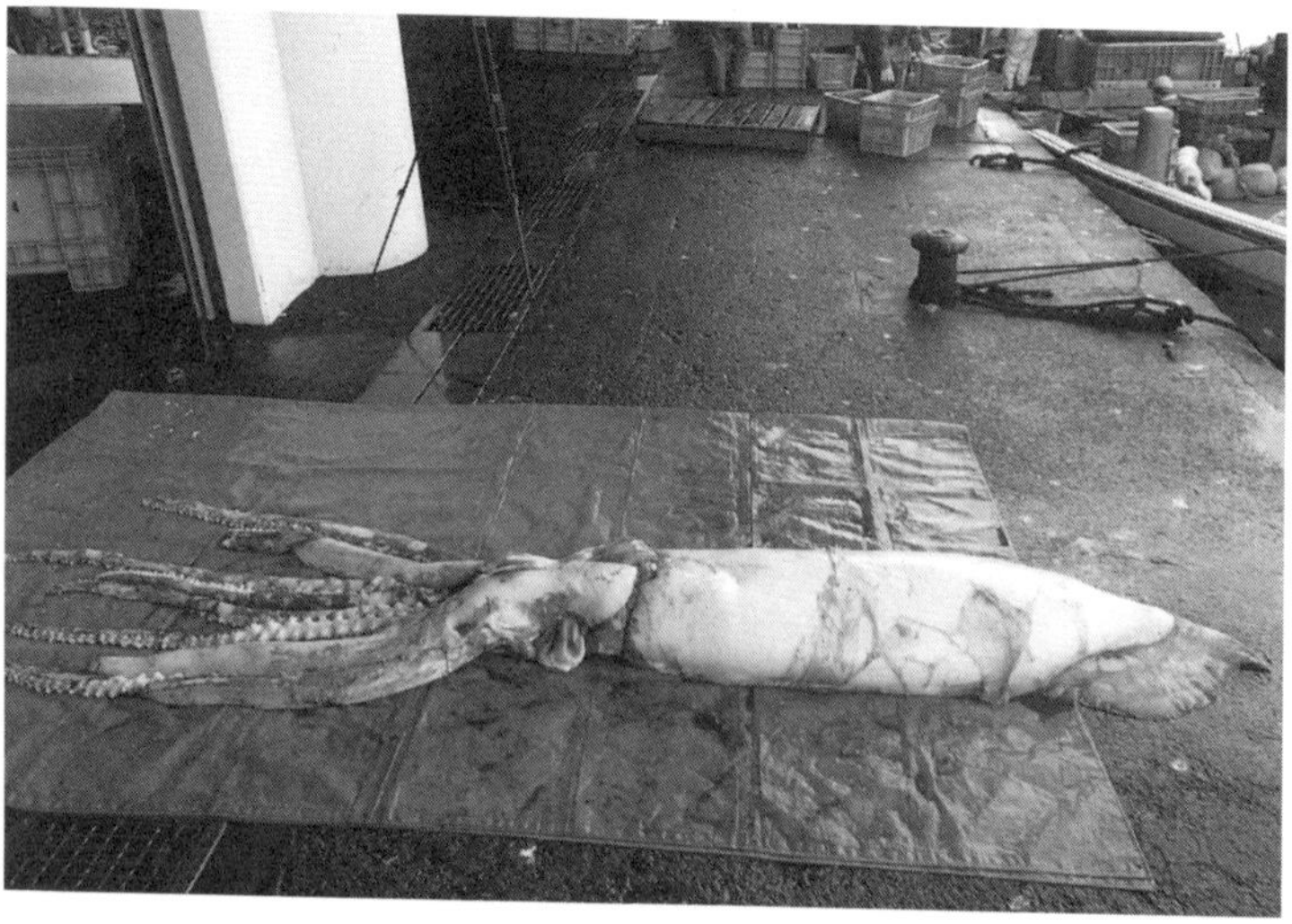

新潟・佐渡島で水揚げされたダイオウイカ　写真提供：新潟県

諸説あるようですが、イカが海にプカプカ浮かんでいると、死んでいると思ったカラスがつつきにくる。そこを、触手で素早く捕らえて海中に引き込んで食べることもあるということから、「カラスを襲う賊《ぞく》」ということで烏賊という文字が当てられたとも言われます。

　実際にカラスを食べるのかどうかはわかりませんが、イカがかなり獰猛であることは事実のようです。

人気のヤリイカのお寿司

　例えばイカの王様と呼ばれるアオリイカは、主にアジやイワシなどの魚を食べています。その狩りの仕方は、後方から近づいて、0・1秒という目にもとまらぬ速さで長い触手を伸ばしてからめ取り、10本の足で抱え込んだら、魚の後頭部を一気にかじりとって息の根を止めた後、ゆっくりと味わって食べます。また、自分より大きなサイズの魚にひるまずに襲いかかることも多いそうです。

　アオリイカの成長は早く、生まれて1年で40センチ以上に成長します。そのためにも積極的に餌を狙って食べ続ける必要があるんですね。

　アオリイカよりもっと大きいのが、10

メートルを超える世界最大のイカ、ダイオウイカです。

テレビなどで見て、「この大きさだったら、何人前のお刺身がとれるんだろう?」と思ったことはありませんか?筆者はいつも思っていました。

でも実は、ダイオウイカはむちゃくちゃまずいようです。

あの巨体で、深海まで潜ったり浮上したりするために、体内に塩化アンモニウムという物質を蓄えていて、そのために強烈なアンモニア臭がして、とてもお刺身で食べられるものではないとのことです。スルメに加工してみても、「もう一度食べたい味ではない」ということのようです。

イカの仲間は全世界で約４５０種類もいるとされていますが、日本近海では25種類ほどが水揚げされて流通しています。日本はかつては世界一の漁獲量を誇っていましたが、現在では他の魚介類と同じく、中国が世界一になっています。

日本人はもちろん、アジアの人たちは一様にイカ好きのようですが、ヨーロッパでは悪魔の生き物とされ、イタリアやスペインなどの地中海沿岸部以外の国では、あまり食べられていません。あの形とぎょろっとした大きな目からそんなイメージができたんでしょうか。

イカはお寿司のネタとしても人気が高

く、回転寿司のメニューの中でも常にベスト10に入る人気メニューです。

くら寿司でも、人気のアオリイカをはじめ、ヤリイカ、紋甲イカ、真イカ、ホタルイカなど、常時複数のイカのネタを提供しています。

アオリイカのお寿司

数あるイカの中で筆者が一番好きなのは、イカの王様・アオリイカです。

先ほども書いた通り、非常に獰猛なイカですが、その身はコリッとした歯ごたえと柔らかな食感のバランスが絶妙なことに加えて、甘みが強く、またアミノ酸の量も多いことから、旨みも抜群です。

筆者は子供のころ、岡山県の倉敷や広島県の福山の堤防から、夏の夜に海面にライトを当てて、その光に寄って来る通称「チィチィイカ」と呼ばれる小型のイカを網ですくって、そのまま醤油につけて食べていました。口の中に吸い付く吸盤の感触は今でも忘れられません。

考えてみると、人間の方がイカよりはるかに獰猛ですね……。

# タイじゃないタイが200種類以上も!? お魚界の「経歴詐称」多発はなぜ起きた

日本人は桜が大好きです。毎年、桜の季節になるとスーパーやお寿司屋さんには、「桜鯛」という素敵な名前の魚が出回ります。昭和の文豪・谷崎潤一郎は、桜鯛の薄造りが大好物だったそうです。

桜鯛とは魚の種類ではなく、春の産卵

クロダイは正式な真鯛の仲間

期に取れる真鯛のことです（カタカナのサクラダイという魚はいますが、全く別の魚です）。産卵に向けて餌をたっぷり食べて脂の乗った桜鯛は、ほんのり桜色に染まった魚体も含めて、まさに魚の王様の名にふさわしい姿とおいしさです。

　突然ですが、ここでクイズです。

　アマダイ、イシダイ、ブダイ、クロダイ、イトヨリダイ、コロダイ、キンメダイ、マトウダイ、スズメダイ、コショウダイ。

コショウダイはイサキの仲間

　これら10種類の「タイ」の中で、一つだけ仲間外れのタイがいます。それはどのタイかわかりますか？

　ちょっとマニアックな問題なので、「聞いたこともない名前ばっかりやん……」と思われる方も多いと思いますが、これがわかる方はかなりの魚博士ですね。

　答えは、クロダイです。

「あぁ、クロダイは鯛の仲間じゃないのか」と思ったあなた。残念。逆です。実は、10種類の魚の中で、クロダイだけが正式な真鯛の仲間（スズキ目スズキ亜目タイ科）なんです。

　他のタイはすべて「あやかり鯛」と言われるもので、正式には真鯛の仲間ではありません。日本近海で取れるさまざまな魚の中で、正式に真鯛の仲間と呼べるのは、真鯛の他には、クロダイやチダイ、ヘダイなど合わせて13種類だけです。

逆に「あやかり鯛」は、日本に200種類以上いると言われています。「あやかり鯛」の方がはるかに多いのです。

例えば先ほどあげた魚たちについては、ブダイとスズメダイはベラの仲間で、コロダイとコショウダイはイサキの仲間です。その他のイシダイ、アマダイ、イトヨリダイ、キンメダイ、マトウダイはそれぞれ、イシダイ科、アマダイ科のように、独自の名前がついた独立した種類です。

なぜこんなにも多くの「あやかり鯛」がいるのでしょうか。詳しいことはわかりませんが、鯛は昔から日本人にはなじみが深く、そのあざやかな色合い、姿かたちから、めでたい魚、魚の王様として特別な存在でした。そして、形が似ている、色が似ているなどいろんな理由で、皆がよく知っている鯛にあやかった名前をつけてきたのではないでしょうか。

味についても、真鯛は魚の王様にふさわしいおいしさですが、実は「あやかり鯛」の中には、本家の真鯛に負けないほど高級でおいしい魚もいます。

例えば、アマダイは京都ではグジと呼ばれ、ほんのりと甘みのある上品な味で、

高級魚アマダイはほんのりと甘みのある上品な味

高級料亭くらいでしかお目にかかれない高級魚です。またキンメダイも、甘辛い煮物にすると非常に美味で人気のある魚ですよね。

マトウダイは、馬の頭のような顔つき（馬頭）や、弓道の的のような模様が呼び名の由来と言われていますが、その奇妙な見た目にもかかわらず、その身はコクと旨みがある上品な白身で、ムニエルやフライにするとおいしくフランス料理で人気の高級魚なんです。

余談ですが、我々の名前でも、昔から有名人にあやかった名前は人気ですよね。現在中学生の男子には「拓」の文字を使った名前や「タクヤ」という名前の方が多く、１９７０年代後半～90年代生まれの女性には「愛」という漢字や「アイ」という読みの方が多いそうです。

前者はもちろん、木村拓哉さんにあやかった名前。後者は（少々古い話で恐縮ですが…）74年に公開されて大ヒットした映画「愛と誠」にあやかったのが流行のきっかけと言われています。

# ホタルイカが「ホタルイカモドキ科」ってなぜ!? 実は「ニセ」もいる謎ファミリー

皆さんは、光る生き物と言ったら何を思い浮かべますか。
蛍？　チョウチンアンコウ？　そして忘れてはいけないのが、春に旬を迎える

ホタルイカ漁が解禁され、定置網をたぐる漁師たち

ホタルイカですよね。筆者はテレビでしか見たことはありませんが、暗い海に無数の青白い光が舞い泳ぐ様は、とても神秘的で幻想的で、ぜひ一度はこの目で見てみたいと思っています。

ホタルイカは、昼間は水深200〜600メートル程度の比較的深いところに生息していますが、夜になると餌を追って海面近くにまで浮上してきます。

ホタルイカの発光体は、目の周りと2本の触手の先、そして胴体の腹側の3カ所にあります。触手の光は非常に明るく、敵に襲われたときに目くらましやおとりの役割を、腹側の光は比較的弱く、下から見上げた時に海面の明るさに溶け込んで、敵に見つかりにくくするためと言われています。目の周りの発光体の役割については、まだよくわかっていないようです。

春に生まれたホタルイカは、翌年の春に産卵を終えると寿命を終えます。オスは交接を終えると死んでしまい、メスだけが沿岸部に寄ってきて産卵を行います。つまり、捕獲されて我々が食べているのは、ほぼすべてメスということになりますね。

ホタルイカの食べ方は、お寿司の他にはボイルして酢味噌和えなどがポピュラーですが、筆者の一番のお気に入りは「丸干し」です（回転寿司の会社に勤めているのにまずいですね……)。内臓の苦みが絶妙なアクセントとなって、何ともいえない味わいなんです。これがあれば日本酒がいくらでも飲めてしまいます。

実はこのホタルイカ、分類が非常にややこしいんです。正式な分類は、「ツツイカ目ホタルイカモドキ科ホタルイカ属」となっています。

「えっ、ホタルイカの上位にホタルイカモドキがあるっておかしくない?」と思いますよね。でも、これで合ってるんです。

ホタルイカは元々富山では「マツイカ」と呼ばれていましたが、1905年に蛍のように光るということで「ホタルイカ」と正式に名付けられました。その後、14年にホタルイカによく似たイカが発見され、それが「ホタルイカモドキ」と名付けられたんです。

ここまではよくある話ですが、ここからがややこしいんです。実はそれよりもずっと前、ヨーロッパでも光るイカが発見されていました。そしてそのイカがホタルイカモドキに近い種類だったことから、生物の分類はヨーロッパを基準とするというルールに従って、ホタルイカモドキの方が上位に位置づけられ、ホタルイカモドキ科の中にホタルイカ属がいる、という奇妙な逆転状態になってしまったわけです。

ホタルイカのお寿司

そしてその後、87年にまた新たに光るイカが発見されましたが、そのイカは従来の2種類とは違うということから、「ニセホタルイカ」と命名されました。

ということで、現在は、ホタルイカモドキ科の中に、ホタルイカモドキ属、ホタルイカ属、ニセホタルイカ属があるという、なんともややこしい状況になっているんです。

それぞれのホタルイカモドキ科のイカですが、大きさも見た目もとてもよく似ていて、我々が見ただけではまず見分けがつきません。ホタルイカ漁の網に、たまにホタルイカモドキが混じるようですが、味も風貌もほとんど変わらないので、気づかずそのまま流通していることが多いようです。みなさんも知らず知らずのうちに口にしているかもしれません。

一方、ニセホタルイカは非常に希少なので目にすることはまずないようです。やはり日本におけるマジョリティーは、ホタルイカなんですね。

# 「幻の高級魚」クエがキロ1万円以上もする理由を体感！極太釣り糸を一瞬で切ったバケモノ

皆さんは「幻の超高級魚」と聞いてどんな魚を思い浮かべますか？　ピンとこられた方も多いと思いますが、今回はクエについてのお話です。

大型と呼ばれる70センチ級になるには10年が必要

脂が乗ってもっちりと弾力のある白身は
お寿司にしても美味

クエは漢字で「九絵」とも書きます。成魚の体の模様が複雑で、非常に分かりにくいことに由来しているとも言われています。まさに当て字ですね。

主に西日本の50～100メートル程度の砂が混じる岩礁帯に生息しており、昼間はすみかである岩場からあまり動くことなく、夜になると近所を泳ぎまわって、イカや伊勢海老などを丸のみして食べている、なかなかの美食家なんです。

---

旬の時期には天然の大型のものは1キロあたり1万円以上にもなり、スーパーなどではまずお目にかかれない、まさに幻の高級魚と呼ぶにふさわしい魚です。

余談ですが、クエとよく間違えられる魚に「アラ」という魚がいます。九州地方ではクエのことをアラと呼ぶので非常に紛らわしいんですが、正確にはアラとクエは別の魚なんです。外見も生態もよく似ていますが、アラの方が少しスマートな感じでしょうか。アラもクエと同じく非常に貴重で高価な魚です。

では、クエはなぜこんなに高価なんでしょうか？

最大の理由は、成長に時間がかかるた

め、大型の成魚の絶対数が少ないということ。孵化して1年で15センチ程度までしか大きくならず、さらになんとか食べられる大きさの50センチ程度になるのに、5年以上かかると言われています。そして大型と呼ばれる70センチ級になるには、10年が必要なんです。

その分寿命は長く、1メートルを超える超大型になると、天敵もいなくなり、30年から40年も生きていると言われています。まさに岩場の主といった風格です。

食べられる大きさになるまで5年もかかるとなると、養殖で採算をとることも難しく、なかなか養殖にも取り組まれていませんでした。

---

最近は、比較的早く成長する同じハタの仲間と交配することによる養殖物も出回るようになってきましたが、それでも他の魚に比べるとかなり高価です。

主に岩陰に潜んでいますので、漁もはえ縄や一本釣りであまり効率がよくありません。

筆者は一度、クエの一本釣りの船に乗せていただいたことがあるのですが、まるで針金のような100号の釣り糸に結んだ巨大な釣り針に、胴長30センチはありそうなイカを丸掛けにした仕掛けを使い、ベテランの船頭さんの頭に入っているクエのすみかを一つずつ丁寧に狙っていくという非常に手間のかかる漁でした。

2020年に期間限定で提供された
クエのあら汁

その日は1回だけ当たりがあり、物干し竿のような釣り竿が一気に海に引き込まれたと思った数秒後、針金のような釣り糸がバチーン！と切れてしまいました。

漁師さんいわく「今のは軽く40キロ以上はあるバケモン級やった。この程度の仕掛けじゃ歯が立たんわ」とのこと……。改めて、幻の高級魚と言われる理由に納得しました。

そんな幻の超高級魚・クエはクエ鍋にして食べるのが一般的ですが、もっちりと弾力のある白身にたっぷりと脂が乗っていて、お寿司にしてももちろんおいしいんです。身以上においしいとも言われるのが、ぷるぷるの皮を含む「あら」です（九州風に言うとアラのあら、になるのでややこしいですが……）。くら寿司でも期間限定でクエのお寿司を提供する際に、クエのあら汁を提供しています。みなさんもクエを食べる機会がありましたら、鍋だけでなくお寿司とコラーゲンたっぷりのあら汁も、ぜひ楽しんでみてください。

# 「あつ森」で嫌われ者の魚と人気の魚 現実の世界での評価は全然違うんです

皆さんは、魚へんに「暑」と書く魚をご存じですか？

答えは「シイラ」なんですが、最近、若い人たちと話していると、どうみても魚には詳しくはなさそうな人がシイラを知っていて驚くことが何度かありました。

国内であまり出回らないシイラは、ハワイでは高級魚

「なんで知ってるの?」と聞くと、『あつ森』で釣ったことがあるから」とのこと。

「あつ森」とは、2020年3月に発売された、ニンテンドースイッチの人気ゲーム「あつまれ　どうぶつの森」のことです。累計販売が2600万本超（20年9月時点）という空前の大ヒットとなっています。

筆者は「あつ森」をしていないのでよく知りませんが、ゲームの中でシイラが釣れるらしいんです。しかも結構いい値段で買い取ってもらえるとか……。

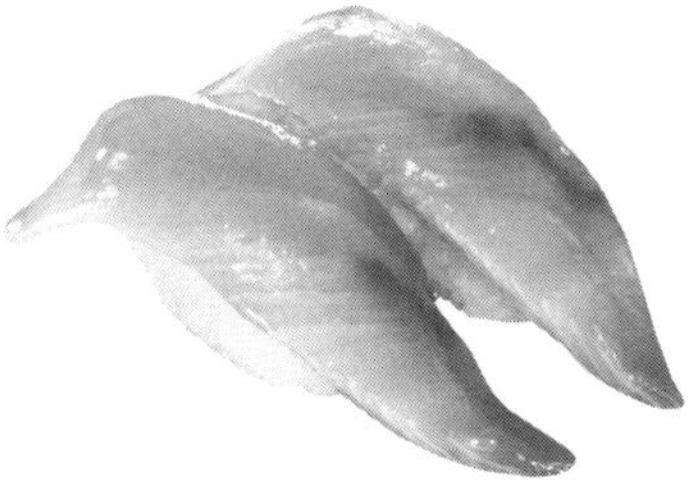

日本ではまだ珍しいシイラを「国産漬けシイラ」として販売

実際のシイラは、鹿児島から高知、紀伊半島あたりの黒潮が流れる地域を中心に取れる魚ですが、身が傷むのが早いのと、黄色と緑に頭でっかちという少々いびつな魚体をしていることから、国内ではあまり市場に出回らない、どちらかというと知る人ぞ知る魚なんです。ハワイでは「マヒマヒ」と呼ばれて人気のある高級魚ですが。

「あつ森」の制作者がどういう経緯でシイラをゲームに登場させているのかはわかりませんが、魚を愛する筆者からすると、とてもありがたいことです。

一方で、「あつ森」のせいでいわれのない冷遇を受けている魚もいます。それは「スズキ」です。

スズキもシイラと同じく夏が旬の魚で、この時期は上品な白身にほどよい脂が乗って、例年だと京都の風物詩として、祇園祭の時期には高級料亭でも出される高級魚なんです。

そんな「スズキ」が、「あつ森」プレーヤーの間では嫌われ者になっているといいます。理由を聞いてみると、「スズキは魚影が大きいので、レアなシーラカンスやカジキかもと思って釣り上げてみると、大抵……。売りに行っても、買い取り価格がイワシ2匹程度ととても安いから、『なんだ、またスズキかよ〜』ってなってしまう」とのこと。

確かにスズキは、北海道から九州まで、日本のほぼどこにでもいる肉食性の魚で、シーラカンスやカジキに比べると決してレアではありませんが、イワシ2匹と同じ価値というのは、あまりにスズキが可哀想すぎる気がします。シイラと比べると10分の1以下とか。

『古事記』にも登場するほど古代から我々日本人には親しまれていた魚で、江戸時代にはその白く上品な身が人気の、真鯛に次ぐ高級魚でした。

成長につれて「セイゴ」「フッコ（ハ

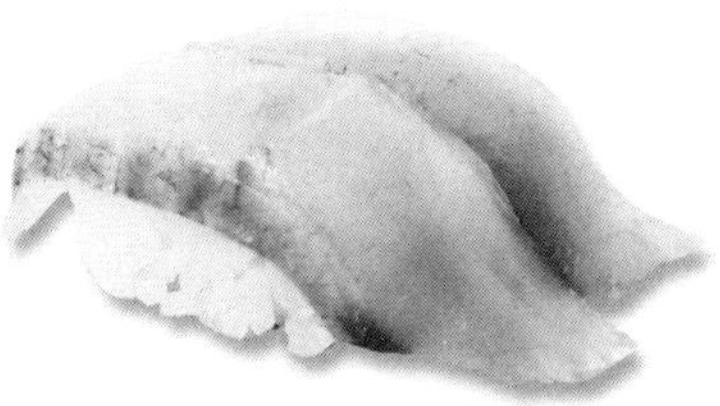

コロナで余剰となったスズキを「絆スズキ」の名前で販売

ネ）」「スズキ」と呼び名が変わる代表的な出世魚のひとつでもあります。

ただ、非常に上品な白身のため、生育環境や処理の仕方によって影響を受けやすく、都市近郊の河口で取れたものなどは、臭みがあるとして敬遠される方もいるようです。

一方で、きれいな水質で育ち、水揚げ時にもきちんとした処理をした旬のスズキは、透き通るような真っ白な身に程よい脂が乗って、暑い夏にぴったりのさわやかな味わいです。

くら寿司は20年の夏、京都の料亭向けに3年かけて丁寧に育てられたものの、新型コロナの影響で需要が激減して余剰となった養殖のスズキを買い取って、「絆スズキ」の名前で販売し、ご好評をいただきました。筆者個人としては、いつの日か「あつ森」の中にくら寿司を作り、スズキを適正な価格で買い取ることでスズキの名誉回復にも努めたいと思います。そんなことができればですが……。

# お魚たちはみんな近眼！代わりに発達したすごい「目力」とは

皆さんは魚の視力について考えたことがありますか？　釣りをされる方だったら、水中の魚から見えるから、海面に身を乗り出すなとか、魚に見えないようにハリスを細くした方が釣れるなどと言われたこともあると思います。

魚の視力は人間の視力で0.1から0.6くらい

金目鯛と猫などの夜行性の動物の共通点は「目」

我々人間は普段生活する際に必要な情報の90％を視覚から得ていると言われるほど視覚に頼った生物ですが、魚たちはそうではありません。魚の聴覚や嗅覚は我々とは比べものにならないレベルと言われていますが、視力については大したことはないようです。

実は魚の視力は、人間の視力で言うと0・1から良くても0・6くらいと言われ、あまり目がいいわけではありません。

一般的に、外洋を回遊しながら餌を追いかけて捕食するカジキやシイラなどで0・4から0・6くらい、沿岸部で目の前の餌や海底の餌を食べているカサゴやクロダイなどは0・1から0・2程度のようです。

冬になると東京から100キロ以上先の富士山が見えるように、陸上だと晴れて空気が澄んだ状態なら非常に遠くまで見通しがきくのに対して、水中だとどんなに澄んだ水の中でも、せいぜい40メートル先まで見通せる程度のようですので、海中にいる魚にとっては1・5とか2・0といった視力は不要なんでしょうね。

ちなみに、淡水の場合は海中より透明

度が低いことが多いので、フィッシュイーターであるブラックバスやブルーギルの視力も0・1程度のようです。

その代わりといってはなんですが、魚の視野は非常に広く、前後に320度程度もあります。前を向いていても、本当の真後ろ以外は見えているんですね。

さらに魚の目は上下方向も非常に広く見えているようですので、海面に映る釣り人の姿も海中からちゃんと見えているんだと思います。そしてそれが何かまでは判別できなくても、危険を感じて瞬時に身をかわしたり警戒したりすることで身を守っているんだと思います。

昔から「見えている魚は釣れない」と言われていたのは、こういうことだったんですね。

また、魚の目の大きさは視力には関係がないようです。実際、大きなクリッとした愛らしい目が人気のメバルの視力も0・1程度です。ただ、目が大きいとより多くの光を取り込むことができるので、夜行性の魚や深海にすむ魚は目の大きなものが多くなっています。

例えば水深200～600メートルとかなり深いところに生息している金目鯛の目もとても大きく、さらにその名前の通り、金色に輝いています。

実はこの金色の正体は、目の中にあるタペタム器官というもので、目に入って

煮つけの印象が強い金目鯛は生で食べても
おいしい

きた光を反射させることで増幅してより明るくする役割をしています。その働きによって、ほぼ真っ暗な深海でもわずかな光を頼りに餌となるエビや小魚を見つけて捕食することができるんです。

猫など夜行性の動物の目にも同じタペタム器官があります。夜、暗いところで猫の目が光っているのは、タペタム器官にわずかな光が反射しているためなんです。

魚たちの目は、視力以外の部分でそれぞれが生存するのに適したものになっているんですね。

先程出てきた、金色に輝く目を持つ金目鯛ですが、大型のものになると1キロあたり1万円以上もする高級魚です。煮付けのイメージが強いですが、生でよし、炙ってよし、しゃぶしゃぶにしてもよし。どう調理してもおいしい万能選手なんですよ。

# 回転寿司を急激に進化させた「2大発明」とは？お店に革命を起こしたE型レーン

お寿司が手軽な値段で食べられる「回転寿司」。筆者が子どもだった昭和の時代には、お寿司は子供が気軽に食べられるものではありませんでした。高校2年生の秋、部活でいい成績を残したご褒美にと顧問の先生に連れて行ってもらったお寿司屋さんで、生まれて初めて食べたウニのおいしさはいまだに忘れられませ

回転寿司店の大型化を可能にした「E型レーン」

ん。「こんなにおいしいものが世の中にあるのか!!」といった衝撃でした。

回転寿司は、1958年に現在の大阪府東大阪市で誕生しました。「元禄寿司」の創業者が、ビールを製造するベルトコンベヤーをヒントに、お客様の注文を楽しく効率的に届けるために「コンベア旋回式食事台」を考案したのが始まりです。

70年に開催された大阪万博に出展されたことで一気に認知が広まりました。その後78年に「コンベア旋回式食事台」の特許が切れたことで、昭和の終わりにかけて多くの回転寿司店がオープンしました。筆者が広報担当を務める「くら寿司」の創業もこの頃です。

当時の回転寿司は、陸上競技のトラックのような楕円形のレーンの内側に職人さんがいて、握ったお寿司をレーンに乗せ、レーンの外側に座っているお客様が自由に皿をとって食べる方式でした。職人さんのまわりを寿司が回転するから「回転寿司」だったわけです。

一方、現在大手回転寿司チェーンで主流となっているのは、座席の間をレーンが流れていく「E型レーン」と呼ばれる形です。E型レーンが初めて導入されたのは、87年のくら寿司のお店でした。サラリーマンの一人客が中心の回転寿司を、どうすれば家族連れでも気軽に入れる店にできるか。くら寿司の創業者が、ファミリーレストランの座席にヒントを得て考えだしました。このE型レーンの誕生でお寿司を家族で気軽に楽しんでいただけるようになり、回転寿司が一気に日本中に拡大しました。

当時の注文は、各座席のインターホンから「イクラをお願いしま〜す」と注文する方法でした。注文を受けると厨房でイクラを数皿作って流すのですが、注文した席に行きつくまでに川上のお客さんが取ってしまうこともよくあり、いつまで待っても注文したイクラが流れてこないということも頻繁にありました。座る座席によって有利・不利があったんです。

そんな中登場した画期的な注文システムが、2000年代初めに導入が進んだ「タッチパネル」と「オーダー専用レーン」の組み合わせです。これにより、注文したメニューが、注文した人のところに確実に届けられるようになりました。

好きなお寿司を確実に注文できるようになると、レーンを流れるお寿司を取る人が減ってしまうのは自然な流れ。マルハニチロの調査（20年3月）によると、なんと約74％もの人が、レーンを流れてくるお寿司ではなくタッチパネルで注文したものを食べるそうです。タッチパネルは、02年に当社が他社に先駆けて導入したんですが、業界としては考えさせられる数字ですね。

昔は楕円形だった回転寿司のレーン

「タッチパネル派」のお客様には「早く食べたい！」という理由が多いようです。女性では8割近くの方が「タッチパネル派」とのこと。また「お寿司がむき出しで回っているのを食べるのは、何となくイヤ」という方も結構いるようです。

　一般的には優勢な「タッチパネル派」ですが、実はくら寿司では、「タッチパネル派」と「レーン派」の割合がほぼ拮抗しているんです。当社では11年から、回っているお寿司を空気中のほこりやウイルスなどから守る、ポリカーボネート製の透明な抗菌寿司カバー、「鮮度くん」を全店舗で導入しています。これが「レーン派」の方が多い理由の一つです。

　電池等を使わず、ワンタッチでお寿司を出し入れできる仕組みを開発・導入するのには、長い年月と多大な投資が必要でしたが、お客さまが安心してお寿司を召し上がっていただけるようにと、関係者が苦労して完成させたものです。

# 「いつ、どんな寿司を作るか」判断するのはコンピューター くら寿司の仰天システム

1958年に産声を上げた回転寿司は、平成の約30年間にめざましい進化を遂げてきました。店舗の大型化を可能にした「E型レーン」や、欲しいお寿司を確実

セルフチェックAI機能のついた小型カメラ

に注文できる「タッチパネル&注文専用レーン」をご紹介した前回に続き、今回は回転寿司のメニューの進化や「IT革命」についてです。

お客様の層がファミリーに拡大したことで、お客様のニーズに合わせた多様なメニューが開発されました。

それまでのマグロや鯛、ハマチといった定番メニューに加え、新たなスターになったのがサーモンです。オニオンサーモンや炙りハラスといった派生メニューが数多く誕生しました。

女性やお子様に人気のエビマヨやエビアボカドといった、今では回転寿司にはなくてはならない新しいメニューもどんどん開発されました。

昔は赤だしと茶わん蒸しくらいしかなかったサイドメニューも、爆発的に進化しました。うどんやラーメン、天ぷら、デザートなど、それまでのお寿司屋さんにはなかったメニューができたのも平成に入ってからです。

実はこれらの新顔投入には、生ものが苦手な方にも回転寿司に来店して楽しんでいただく狙いがありました。

マルハニチロの調査（2020年3月）でも、回転寿司でサイドメニューを2品以上食べる方の割合は6割以上にのぼっています。

もう一つ、回転寿司の進化を語る上で

外せないのが、90年代の終わりから00年代初頭にかけての、ITの活用による運営の効率化です。

今や多くの回転寿司チェーンでは、お客様にいつでも新鮮でおいしいお寿司を楽しんでいただくために、お皿に装着したICチップなどを使い、一定の時間を経過したお寿司はお客様に提供しないように管理しています。

それだけではありません。多くのチェーンでは、コンピューターがビッグデータに基づいて、いまお店にいるお客様のおなかの減り具合を数値化し、レーンに流すお寿司の量を従業員に指示するシステムを導入しています。これによってお寿司の「流しすぎ」を防ぐことができ、お寿司の廃棄率を大幅に減らすことができました。

詳細は企業秘密なので明かせませんが、くら寿司ではこれに加えて、「どのネタをいつ、いくつ作って流せばいいのか」というところまでシステムが判断して指示してくれます。厨房の従業員は、システムの指示に従って、丁寧な作業に集中できるようになっています。

かつて寿司職人には長年の経験が必要とされていましたが、こうしたシステムの導入によって、入社したばかりのアルバイトやパートの方でも、戦力として活躍していただけるようになっています。

令和時代の最新メニュー、アボカドビーツビントロ

こうして効率化できた分を、よりおいしいネタの提供や新しいメニューの開発に振り向けることで、おいしいお寿司をリーズナブルな値段で提供できているんです。

回転寿司が大きく進化した平成を経て、令和時代の回転寿司はどこに向かうのでしょうか。

AIの活用によって、もっといろんなことができるようになるかもしれません。例えば、席に座るとそれぞれのお客様の好みのお寿司が自動的に提供されたり、ロボットを活用した無人の店舗が登場したりするかもしれませんね。お客様においしいお寿司を、うれしい驚きをもって楽しんでいただくために、当社でも日々さまざまな新しい取り組みにチャレンジしています。

25年には再び大阪で万博が開催される予定です。その頃には世界中の人々があっと驚く新しい回転寿司の姿をお見せできるかもしれません。次世代の回転寿司にぜひご期待ください。

# 自然育ちの「子真鯛」に人工エサを食べさせる秘策発見！「人のふり見て作戦」とは

近年急激に値上がりした食材の一つが、鰻です。もちろん、もともとごちそうではありますが、最近は特に高騰していて、「土用の丑の日」でも我々庶民がおいそれとは口にできる食材ではなくなってしまいました。

水槽のなかで泳ぐ稚魚たち

そんな中、朗報もあります。国の研究機関が、鰻の完全養殖にメドをつけたというのです。この取り組みがうまくいけば、近い将来、かつてのように鰻が比較的気軽に家庭の食卓に上る日が来るかもしれません。

我々が食べている鰻の99％は養殖モノですが、現在の鰻の養殖は、鰻の稚魚であるシラスウナギをとってきて、それを成魚に育てる、厳密にいえば「蓄養」と言われるやり方です。卵を人工的に孵化させて育てる完全養殖ではありません。したがって、稚魚の捕獲量によって、成魚の供給量が影響を受けます。近年は稚魚の捕獲量が激減しているため、鰻の価格が高騰しているというわけです。

あまり耳慣れない蓄養というやり方ですが、実はさまざまな用途に活用されています。鰻のように、海で稚魚をとってきて成魚に育てて出荷するやり方は、ハマチにも用いられています。モジャコと呼ばれる5センチ程度までのハマチの稚魚をハマチに育てて出荷しているんです。

また、マグロを捕獲した後、2～3カ月間いけすの中で蓄養し、イワシなどのエサをたっぷり与えて、脂の乗りをよくして出荷するやり方も行われています。トロ好きにはうれしいですよね。

そのほかに、伊勢エビなどでは、出荷の時期を需要の多い時期に合わせるため、秋に捕獲して年明けまで蓄養して出荷するということも行われています。

そしてくら寿司でも2019年夏から、これまでにないまったく新しい形の蓄養にチャレンジしているんです。

それは、定置網などに入った、100グラムから300グラムの真鯛やハマチの未成魚を、いけすで1〜2年間、寿司ネタにできる大きさ（1・5キロ程度）まで育てて、当社の寿司ネタとしてお客様に提供しようという試みです。

定置網などにかかった未成魚は、通常、他の魚のエサなどとして、タダ同然で取引されています。それを大きく育てて、付加価値の高い寿司ネタにしようという取り組みです。

一見簡単そうに思えますが、実は多くの課題があります。一番のハードルは、自然界で生まれた未成魚に、どうやって人工エサを食べさせるかということです。

真鯛やハマチは、自然界ではエビなどの甲殻類をはじめとする自然のエサを食べて育ちます。彼らにペレット状の人工エサを与えても、まったくエサと認識せず、どんなにおなかがすいていたとしても、興味すら示さないのです。

どうすれば自然界育ちの魚たちに、人工のペレット状のエサを「あ、これって食べてもいいんだ！」と認識してもらえるか？ そこで編み出されたのが、「人

（魚）のふり見て自分も……作戦」です。

　自然育ちの未成魚を入れたいけすに、人工孵化で生まれたほぼ同じ大きさの未成魚を混ぜます。

　人工孵化で生まれた魚は、生まれた時から食べ慣れたペレット状の人工エサを普通に食べます。

　すると、おなかの空いた天然の未成魚はそれを見て、「あの変な形のものは食べてもいいんだ！」と学習して、食べるようになるはず。そう考えたのです。

「人のふり見て作戦」で見事成魚になるか？

　実際に実験してみたところ、予想通り、しばらくすると天然の未成魚もペレット状の人工エサを食べるようになりました。
　現在、約５００匹の真鯛の未成魚が、いけすの中ですくすくと育っており、順調にいくと21年中には立派な真鯛となっているはずです。この蓄養で育った真鯛たちに、近畿大学の「近大マグロ」のような、何か素敵な愛称を付けたいものです。

# 回転寿司がサイドメニューを強化する「寿司屋ならではの理由」とは

皆さんよくご存じの通り、最近の大手回転寿司チェーンでは、お寿司以外のサイドメニューが豊富ですよね。この本でも何度か紹介しているマルハニチロの

「KURA ROYAL」シリーズとして発売したたっぷり完熟マンゴーパフェ

「回転寿司に関する消費者実態調査2020」によると、回転寿司で何らかのサイドメニューを食べるという方は9割以上にのぼるとのこと。平均は1人2・2皿で、4品以上食べるという方も10％以上いらっしゃるそうです。

筆者の友人にも、「この前くら寿司に行ったけど、サイドメニューがおいしすぎて、結局お寿司以外のメニューでおなかがいっぱいになってしまったよ！」という報告をしてくれる人がたまにいます。お寿司もお魚も大好きな私の本音を言えば、お寿司も食べていただきたいというのはありますが……。

お寿司屋さんのサイドメニューと言えば、かつては赤だしや茶わん蒸しといった、お寿司と一緒に食べる和風のものが定番でした。それが最近では、うどんをはじめ、ラーメンや丼物、ハンバーガーなど、それだけでも十分食べ応えのあるサイドメニューからデザートまで、各社が工夫を凝らしたサイドメニューを販売しています。

では、なぜ回転寿司チェーンはそんなに多くのサイドメニューを販売しているのでしょうか？　決して、ファミリーレストランを目指しているわけではありません。寿司屋ならではのちゃんとした理由があるんです。

例えば皆さんが、友人4～5人でどこ

かに食事に行こうとなった時、その中の一人が「実は生の魚はちょっと苦手で……」と言ったとしたらどうなるでしょうか。他の方が気を使って、「それなら寿司屋以外で探そうか」ということになってしまいますよね。「生の魚はちょっと苦手」という方は、残念ながら一定の割合でいらっしゃいます。

ところが最近は「回転寿司ならお寿司以外のメニューも色々とあるから」ということで、生魚が苦手の方も一緒に来店していただけるようになりました。

そして、回転寿司店には様々な工夫を凝らして生魚が苦手な方でも食べやすくしたメニューもありますので、「一度チャレンジしてみようか」となり、それをきっかけに生魚が食べられるようになった方もたくさんいらっしゃいます。

このように、生魚が苦手な方を含むグループの方にも来店していただけるように、本格的なサイドメニューをそろえているんです。

そして、バリエーションが豊富なサイドメニューは、お客様のリピート率のアップにもつながっています。

さらに最近、回転寿司各社が力を入れているサイドメニューがデザートです。それも、カフェに負けないくらい本格的なデザートを、各社が工夫を凝らして提供しています。

くら寿司でも、「KURA　ROYAL（クラロワイヤル）」シリーズとして、旬の果物などの素材を贅沢に使ったデザートシリーズを販売しています。写真を見ていただければわかると思いますが、マンゴーの王様と言われるアルフォンソマンゴーをふんだんに使ったマンゴーパフェや、表参道で売っているようなお洒落なタピオカドリンクなど、見た目の可愛さにもとことんこだわっています。

　これは、どうしてもファミリーのイメージが強い回転寿司に、「F1層」と呼ばれる若い女性同士のグループにも来店していただくための施策です。

　お寿司を食べた後はもちろんですが、午後の時間帯にカフェ感覚で、デザートだけでも気軽に食べに来ていただければと思います。いつも混んでいてなかなか入れないと言われている回転寿司ですが、14時から18時の間は、比較的空いてすぐに入れることが多いですよ♪

黒糖タピオカミルクティー

# チョコとみかんでブリを育てたらどんな味？チョコの効き目が斜め上だった

2月14日はバレンタインデー。最近はオフィスでの「義理チョコ」を廃止するところも多いようですね。

筆者は中学生のころ、「今年はチョコ

チョコぶりの餌（奥）とチョコぶり寿司

チョコレートを混ぜた餌で養殖している「チョコぶり」　写真提供：宇和島プロジェクト

レートもらえるかな?」「できればあの娘からもらえるとうれしいな……」「あいつには絶対に（数で）負けたくない」と前夜からいろんな感情が渦巻いて、なかなか寝付けないほど意識していました。

それなのに当日になると「別にそんなことは気にしてもいないよ」とクールに装ってみたりと、思春期の真っただ中の複雑でめんどくさい思い出がいっぱいです……。

いきなり話がそれましたが、2019年のバレンタインデーの季節に、くら寿司では「チョコぶり」のお寿司を発売して話題になりました。

「チョコぶり」と聞いた多くの皆さんの第一声は「チョコぶり? 甘いんですか?」というものでした。

　残念ながら、「チョコぶり」は甘くはありません。愛媛県の宇和島で、チョコレートを混ぜた餌を食べさせて養殖しているブリなんです。

　なぜチョコレートを食べさせるかというと、チョコレートに含まれるポリフェノールの抗酸化効果で、ブリの身の劣化を遅らせることができるんです。ブリのアンチエイジングと言えばいいでしょうか。

　通常ブリの切り身は、２日も経つと血合いの部分が黒ずんでくるのに対して、チョコぶりの切り身は、５日経ってもきれいな色をしていました。

　だからといって、くら寿司ではそんな古い切り身を出しているわけではありませんのでご安心ください。チョコぶりを開発している愛媛県と宇和島プロジェクトさんは、海外に輸出するためにこのようなブリを開発されているとのことです。

　筆者も取材の立ち会いで、チョコぶりを養殖しているいけすを宇和島まで見に行きました。餌やりの時間になると、ブリたちが水面から飛び出す勢いでバシャバシャとチョコレート入りの餌を奪い合っていました。

　試しに、チョコレートだけをやってみると、一瞬口には入れますが、すぐにぺっと吐き出してしまいます。やっぱりチョコレートだけでは食べてくれません。餌の中にどれくらいの割合でチョコレートを混ぜるのか、とても繊細なノウハウがあるとのことです。

　そして20年のバレンタインデーのシーズンには、さらに進化させた「チョコみかんぶり」のお寿司を販売しました。こちらも宇和島のいけすで、魚粉や植物性たんぱくなど通常の原料に、みかんオイ

「チョコぶり」がさらに進化した「チョコみかんぶり」

ルや果皮、そしてチョコレートを加え、ペレット状に加工したエサを与えて養殖しています。

甘いチョコレートにみかん？　なんかややこしいなぁ……と思われるかもしれませんが、ちゃんと理由があるんです。

チョコを与えてもブリからチョコの味や香りはしないのに対して、みかんを与えると、爽やかな柑橘系の香りがほんのりとするんです。とても爽やかで、生の魚が苦手な方でも食べやすくなっています。通常くら寿司で販売しているみかんぶりと同じです。

チョコレートの高いポリフェノール効果に爽やかな風味。みなさんもぜひ、くら寿司のお店で不思議な名前のブリにチャレンジしてみて下さい。今後も期間限定でご提供する予定ですので、お店の掲示やホームページで確認してくださいね。

本当は甘くないはずのチョコみかんぶりですが、一緒に食べる相手次第では、甘〜く感じられるかもしれませんよ。

# 「赤字覚悟のサービス」はウソ！回転寿司屋が明かす黒字化のカラクリ

回転寿司の会社で仕事をしていてよく聞かれるのが「あの値段でお寿司を販売していていてよく利益が出ますね。いったいどんなカラクリがあるんですか」ということです。

「赤字覚悟の大サービス」といったセールストークを時々耳にしますが、ビジネスでやっている以上、最初から赤字前提

シャリもロボット化することでコストカットを実現

で販売することは、普通ではありません。ではいったい、どんなカラクリがあるんでしょうか？ 今回は、こっそりとその秘密を公開します。もちろん言える範囲だけですが……。

一番手間のかかる巻き物でも４工程のみ

　一般的に、くら寿司をはじめとする大手回転寿司チェーンの原価率は50％程度と言われています。一般的な飲食店の原価率は30％以下と言われていますので、かなり高いですね。それだけいい材料を使っているということなので、お客様の立場でみるとお得と言えますね。

　ではどこでコストを削っているんでしょうか？

　まず回転寿司では、お客様がレーンから直接お寿司を取るか、タッチパネルで注文した料理なら、専用レーン等で席に届きますよね。つまり、注文をとったり料理を届けたりする店員の手間が省けているんです。さらに厨房の中も、とても自動化、合理化が進んでいます。その結果、具体的な人数は言えませんが、普通の外食産業に比べて、お客様1人あたりの店員数は、かなり少なくなっています。

　主要な商品が、にぎり寿司と軍艦、巻

き物と標準化が進んでいるのも、自動化やロボット化をしやすかった理由です。

準備作業を除いた基本的な調理工程は、にぎり寿司の場合、❶シャリを握る❷ネタを乗せる、の2工程、一番手間のかかる巻き物でも、❶海苔にシャリを乗せる❷ネタを乗せる❸巻く❹切る、という4工程で済みます。他の料理に比べると、かなり手間がかからないのではないでしょうか。もちろん、シンプルなだけに、他社と差別化できる魅力的な商品開発と、お米やネタなどの材料の厳選がカギを握るわけですが……。

さらに最近では最新のICTやAIの活用も進んでいます。例えばくら寿司では、お客様がお店に着かれてから、席へのご案内、お食事を終えられた後の会計、精算まで一切店員と話すことなく完了する仕組みを導入したお店が広がっています。

その一環として、画像認識とAIを使って、食べたお皿や丼の数を自動的に正確にカウントする仕組みも順次導入しています。多くの回転寿司店では、お食事を終えられた後に「会計」のボタンを押すと店員がやってきて、「ありがとうございます。お会計は○○円になります。番号札をもってレジまでお願いします」というやりとりがありますよね。

混雑している時間帯など、なかなか店

ランチ限定商品として販売している「海鮮丼」はお得なメニュー

員がきてくれずちょっとイライラしたことがある方もいらっしゃると思いますが、このやりとりが不要になるんです。

そしてもう一つ、仕入れた材料を無駄なく使い切ることも、安くておいしいお寿司を提供するためにとても重要です。

1匹の魚からお寿司のネタにできる身は、多くて40％程度しか取れません。身も、すべてお寿司に使えるわけではありません。一定の大きさ、形にカットしてシャリに乗せるため、端の部分などがどうしても余ってしまいます。

それらの部分も廃棄することなく、おいしい商品にしてお客様に提供しています。例えば、人気のあるトロの端の部分は、巻き物にして「トロ鉄火」として販売しています。トロの端材が一定量出た時にしかメニューに載らないレア商品です。ランチ限定商品として販売する「海鮮丼」なども、そうした身を有効に利用することで実現したとてもお得なメニューです。

回転寿司店には、今回紹介した以外にもたくさんの秘密があります。皆さん自身の目でもぜひ探してみてください。

# 海藻を食い尽くし身には独特の臭いが…厄介者を鯛以上の美味にする裏ワザとは

突然ですが、皆さんは「ニザダイ」という魚をご存じですか？

ほとんどの方がご存じないと思いますが、釣り好きの方には「サンノジ」と言ったらおわかりいただけるのではないでしょうか。尾びれのつけ根に、黒くて

ニザダイ特有の臭みを消すことに成功

硬い突起が漢字の「三」のようについているので、三の字と呼ばれているんです。ニザダイはいわゆる「あやかりダイ」で、実際はスズキ目ニザダイ科になります。見た目はタイというよりカワハギっぽいと思います。

ニザダイのニザの語源は新背（にいせ）とのことで、新背とは古語で新しく大人の仲間入りをした男性のことです。青二才とほぼ同じような意味で使われているようなので、あまりいい意味ではなさそうです。「タイの端くれ」的な意味でしょうか。

あまり聞き慣れない魚ですが、宮城県や新潟県以南の日本近海の水深10メートル程度の海に結構たくさん生息しています。そして実は、海を荒らす魚として、駆除の対象に指定されているんです。というのも、彼らの好物はワカメなどの海藻類で、彼らが増えて海藻をどんどん食べることで海藻が減り、海が砂漠化する「磯焼け」を引き起こしてしまうからなんです。

それならどんどん取って販売すればいいように思いますが、なかなかそうはいかない問題があるんです。

その問題とは、ニザダイの身には独特の臭みがあって非常に好みがわかれるということ。筆者も試食で食べたことがありますが、食べた後、生臭いというか発酵したキムチのような臭いが鼻に抜けて、思わず「うぇっ」とえずいてしまいました。おそらく彼らが食べた海藻が胃の中で発酵して、その臭いが身に移っているんだと思います。

漁師さんも釣り人もそのことをよく知っているので、網にかかったり釣れたりしても、「なんやサンノジか……」ということで、持ち帰ったり流通させたりすることはほとんどありません。

この海の厄介者ともいえるニザダイをおいしく食べる方法を考案すれば、漁師さんの収入増にもなり、海の環境保護にもつながり、魚好きのお客様にも喜んでいただける「一石三鳥！」と考えて、くら寿司では研究に取り組んできました。

そして今回、意外な方法でニザダイ特有の臭みを除去できることがわかりました。その方法とは、網にかかったニザダイを1週間程度いけすに入れて、キャベツを食べさせることです。

２０１７年に、神奈川県水産技術センターで、同じく磯焼けの原因となるムラサキウニにキャベツを食べさせることで、甘みのあるおいしいウニを育てることに成功したというニュースが出ていたんです。

そこで、同じく海藻を食べるニザダイでも同じことができるのではと考えて、農家から出荷時に廃棄するキャベツの外葉をもらってきて与えてみました。すると、期待通り、彼らはいけすに入れたキャベツも食べてくれました。そして1週間ほどキャベツを食べさせたニザダイをお刺身にして食べてみたところ、特有の臭みが抜けていただけでなく、なんとなく柑橘系のような香りがほんのりとするものもありました。

期間限定でテスト販売することになった「キャベツニザダイ」のお寿司

身はとても綺麗な白身で、タイそっくりで、歯応えやもっちり感などはタイより上かもしれません。社内で何人かの人たちにも食べてもらいましたが、「歯応えもよくて、本物のタイよりおいしいかも」と評判は上々でした。

くら寿司では、このキャベツニザダイを期間限定でテスト販売しました。将来、定番メニューとして「キャベツニザダイ」がメニューにのる可能性もあります。そしてニザダイに商品価値が出て、キャベツニザダイが普通にスーパーの魚売り場に並ぶ日も遠くないかもしれません。

# おわりに

「岡本さん、アエラの電子版にコラム書いてみませんか？」

神田のとある居酒屋で、旧知の上栗崇・アエラ副編集長から唐突に投げかけられた提案がすべての始まりでした。

「お寿司の会社の広報担当なので、魚をテーマに書いてほしいんです」

「魚ですか……」

実は、その時点で私の心は半分以上陥落していました。私は瀬戸内地方の出身で、近くの海岸へ行ってはハゼやらボラやらチヌやらを狙う釣り少年でした。高校以降は竿を置いていましたが、我が子が幼稚園に行く頃になると、生きた魚を見せてやりたいとの思いで再び竿を握って、今日にいたります。そんな私が縁あってくら寿司で働かせてもらうことになり、魚が大好きな会社の人々に囲まれ、取材立ち会いのためにたびたび漁船にも乗せてもらう日々を送るようになり、海馬の奥に眠っていた「やっぱり魚ってえぇなぁ」という思いが頭をもたげてきていたところへの提案でしたので、断る理由はありませんでした。

とはいえ、連載を続ける中では非常に多くの方々に助けていただきました。まずは、この話の相談に行ったときに「えぇやないか。少しは会社の宣伝にもなるやろし……」と快く承諾していただいた田中邦彦社長を筆頭とする、くら寿司幹部の皆さん。魚に関する半端ない知識と愛で、メディアから「くら寿司のさかなクン」と呼ばれている大濱喬王さんをはじめ、回転寿司の歴史などについて私の知識不足を補っていただいた社内の各部門のエキスパートの皆さん。そして、書籍化にあたって各地で取れる魚の写真を撮影して送っていただいた、全国100以上の漁港の漁師の皆さんに、この場を借りて深くお礼申し上げます。また毎週毎週、掲載の数時間前というギリギリのタイミングで原稿を出す私を温かくサポートしていただいた上栗さんと、書籍化にあたり色々と尽力いただいた三島恵美子さん、ありがとうございました。

ちなみに、時々登場する独特なタッチのイラストは私の娘に描いてもらったものです。ありがと……。

2021年1月　岡本浩之

くら寿司・無添蔵で食べられる

# 国産天然魚リスト

| 魚種 | くら | 無添蔵 | 説明 |
|---|---|---|---|
| シイラ | ● | | ハワイでは高級魚。ハマチに似た食味です |
| ボラ | ● | | 綺麗な海で育ったボラは真鯛を凌ぐおいしさです |
| サワラ | ● | | 春を告げる魚といわれますが、大型のサワラは年中美味です |
| クエ | ● | ● | 幻の魚。特に大型のクエは脂が乗り絶品です |
| ヒラメ | ● | ● | 身の歯ごたえがたまらない高級魚です |
| ハマチ | ● | | 養殖の脂乗り、天然の歯ごたえどちらも最高です |
| マフグ | ● | | フグの女王と呼ばれ、甘みと食感が特徴です |
| トラフグ | ● | | フグの王様と呼ばれ、旨みと歯ごたえが特徴です |
| タチウオ | ● | ● | 大型のタチウオは年中美味しく、塩焼きにした時の身離れの良さが鮮度の証しです |
| カツオ | ● | | 春の初ガツオ、秋の戻りガツオ、それぞれ季節を感じる魚です |
| カジキ | ● | | 鹿児島県で秋に獲られる「秋太郎」と呼ばれるバショウカジキは特においしいです |
| スズキ | ● | ● | 関西では特に夏の魚として有名です |
| アオリイカ | ● | | 春の大型のもっちりとしたおいしさ。秋の小型には凝縮した旨みがあります |
| ムラサキイカ | ● | | 大型のイカで肉厚な身が特徴です |
| 金目鯛 | ● | ● | 高知県、千葉県、伊豆諸島で獲られる魚が有名。年中脂があります |
| 真鯛 | ● | ● | 魚の王様。特に瀬についた2キロ前後の真鯛は年中旨みが強いのが特徴です |
| クロダイ | ● | | 春に最盛期を迎えますが、冬時期のクロダイは真鯛も顔負けです |
| ホタルイカ | ● | | 日本海の春の風物詩。味が濃く、ボイルに刺身に万能です |
| ニギス | ● | | 深海の魚。大型のものは脂があり、天ぷらで食べると最高です |
| コノシロ | ● | | 酢〆で食べることが多く、各寿司屋のこだわりの一品です |
| ハモ | ● | ● | 関西では祇園祭は鱧祭りとも呼ばれ湯引きや天ぷらなど絶品です |
| アナゴ | | ● | 煮アナゴ、焼きアナゴ、天ぷらに。上品な味は何にでも合う魚です |
| タラ白子 | | ● | 濃厚でクリーミーな真ダラの白子は、生でも鍋にしても最高です |
| 伊勢エビ | | ● | 甘さの強い身とコクのあるミソを1尾で楽しめる、エビの王様です |

★…タッチパネルには載っていないが、
入荷した時だけレーンに流れているレアメニュー

| | | | | |
|---|---|---|---|---|
| | キジハタ | | ● | 関西では「アコウ」と呼ばれ夏の高級魚です。ふっくらとした淡白な白身です |
| | キンキ | | ● | 東北以北で漁獲される魚。脂が強く、炙りや煮つけが合う魚です |
| | 真アジ | | ● | 回遊系の真アジは夏が旬ですが、瀬付きの金色をした真アジは年中おいしいです |
| | マツカワカレイ | | ● | 「王鰈」と呼ばれる高級なカレイ。くら寿司では苫小牧漁協様直送で販売しております |
| | サザエ | | ● | しっかりとした食感の身とコクのある肝の部分。年中味の落ちない貝です |
| | モンゴウイカ | | ● | カミナリイカが正式名称。肉厚でもっちりした身質が特徴です |
| | アカアマダイ | | ● | 甘みの強い淡白な身質が特徴。皮を炙ってお寿司で頂くと絶品です |
| | ノドグロ | | ● | 年中脂が乗った魚。漁獲量が減っている深海魚で特に大型のものは高級とされています |
| | ヒラマサ | | ● | 見た目はブリそっくりですが、しっかりとした身質と程よい脂感の高級魚です |
| | イシダイ | | ● | 年中旨みの強い魚。くら寿司では一船買いの魚島から鮮度抜群のイシダイが届きます |
| | クロムツ | | ● | 程よい脂乗りと旨みが強い魚です。皮目の脂を楽しむ炙りでご提供しています |
| | イサキ | ● | ● | 夏が旬ですが地域差があります。ふっくらとした身質と皮目の脂が楽しめる魚です |
| ★ | チダイ | ● | | 真鯛にそっくりですが、柔らかい身質で甘みが強い魚です |
| ★ | コロダイ | ● | | 漁獲数量が少なく、あまり流通しませんが、しっかりとした食感が楽しめる魚です |
| ★ | メジナ | ● | | 磯を代表する魚で、特に冬は脂が乗り、高知県などの産地では焼き切りと呼ばれる食べ方が有名 |
| ★ | ヘダイ | ● | | 旬は秋ですが、2月頃、高知県の宿毛湾で揚がる2キロを超える魚は脂、身質、香りが非常に良いです |
| ★ | コショウダイ | ● | | コロダイと同じく、身がしっかりしており、食感と魚の旨みを楽しめます |
| ★ | ニベ | ● | | 非常に淡白な魚で、癖が無く、シャリとの相性が良い魚です |
| ★ | レンコダイ | ● | | 正式名称はキダイと呼ばれ、ふっくらした身は焼き魚に最適です |
| ★ | オオニベ | ● | | 全長1メートルを超える大きな魚体で、宮崎県では養殖されるほど美味しい魚です |
| ★ | コチ | ● | | 夏のフグと呼ばれるほど、その透き通りしっかりした身質は、甘み・旨みが凝縮されています |
| ★ | シログチ | ● | | 水揚げされると浮袋でグーグーと鳴くことから「愚痴→グチ」と呼ばれます。小型ですが非常に旨みが強い魚です |
| ★ | 沖サワラ | ● | | 大型の魚で、マグロに近い身質。秋時期は脂が乗り、非常においしい魚です |
| ★ | ウマヅラハギ | ● | | 身はフグの様な食感で、肝も含め旨みが強い魚です |

# お魚とお寿司のナイショ話

**岡本浩之** くら寿司株式会社 取締役
広報宣伝IR本部 本部長

2021年2月28日 第1刷発行

装丁・本文レイアウト　フロッグキングスタジオ
（福島源之助／森田 直／佐藤桜弥子）
校閲　朝日新聞総合サービス出版校閲部 上田詠子
写真　くら寿司株式会社、iStock、
imagenavi、朝日新聞社
イラスト　店舗：くら寿司株式会社　販売促進部
（宮田大介／石井裕子／木村 訓）
お魚：岡本果子

発行者　佐々木広人
発行所　朝日新聞出版
〒104-8011　東京都中央区築地5-3-2
電話（03）5541-8627（アエラ編集部）
（03）5540-7793（販売）
印刷所　凸版印刷株式会社


Published in Japan by Asahi Shimbun Publications Inc.
ISBN 978-4-02-331935-6

定価はカバーに表示してあります。
落丁・乱丁の場合は弊社業務部（電話03-5540-7800）へご連絡ください。
送料弊社負担にてお取り替えいたします。



※本書は、AERAdot. 連載「お魚ビッくらポン」（2019年4月17日から2020年10月28日まで）の中から一部抜粋したものを加筆修正し、新たに記事を追加して構成しました。